Racetrack

by

Horse

Cocktail

Ice cream

ウマに恋する

U M A N I K O I S U R U

競馬ガイド

サンケイスポーツ競馬記者
三浦凪沙

MIURA NAGISA

Merchandise

Keiba Guide

Donuts

Jockey

Xiao long bao

Racetrack

Baken

Beer

Merchandise

Soba noodles

Cocktail

JN197152

発売 小学館
発行 小学館クリエイティブ

写真提供：JRA

はじめに

　本書をお手に取っていただき、本当にありがとうございます。出版のお話をいただいた際、私でいいのかと驚くとともに、「いつか成し遂げたいと思っていたことができる！」とワクワクしたことをよく覚えています。

　プロフィールにもあるように、中学2年生の冬に東京競馬場で実際にレースを観て、競馬と馬の虜になりました。そこから競馬を学んでいくうちに、競走馬を引退した後に行く先がないサラブレッドがたくさんいることを知りました。現在も1頭でも多くの

馬を救うべく、活動している方たちがいます。その活動をもっと知ってほしい。馬の魅力を伝えることで、そういった活動に興味を持つ人が少しでも増えれば、馬たちの受け皿を広げられるかもしれない。そんな思いでこの仕事を選びました。

　本書では馬の魅力や、競走馬の第二の馬生について触れたページもあります。また、私が競馬に出会ってからの13年間で知り合った、競馬に携わるあらゆる方たちにもインタビューさせていただきました。競馬に感じている魅力の一つである、「1頭の馬がレースに出るまでに、たくさんの人が携わっている」ことが伝わる一冊を目指し、これまでの集大成のような気持ちでつくりました。まだまだ今のお仕事は辞めないですよ！（笑）

　本書をきっかけに、馬、競馬を愛する人がさらに増えますように。また、私の人生を変えてくれた競馬に、そして、競馬に携わる全ての人への恩返しになれば幸いです。

三浦凪沙

楽しみがいっぱい！
競馬ってこんなに面白い
Horse Racing Guide 01

近年、若い世代でも盛り上がりを見せる競馬。馬券を買うだけが競馬と思っていたらもったいない！ 本書では、競馬の様々な楽しみ方や、まだ知られていないその魅力をたっぷりとご紹介します！

推しポイント その①

馬券を買ってレースを楽しむ（➡ P74）

#夢の万馬券 #GI

馬券
▲ 予想の仕方、馬券の買い方は∞。買い方が自由だからこそ、誰だってすぐに馬券を買える。詳しくはP86を見てみよう。

レーシングプログラム
▲ 競馬場に行くと、誰でももらえる冊子。その日に出る馬や騎手などを掲載（データはJRA公式HPにもアップ）。

競馬新聞
▶ 競馬といえば「競馬新聞」。大事な情報がギッシリで宝の山。一見、とても難しそうに見えるけど、ポイントをおさえれば、読めるようになるから、ぜひ読み方を勉強しよう（P78）。

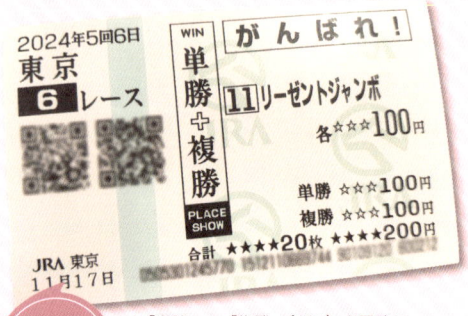

応援馬券
▲ 「単勝」と「複勝」（P86）を同時に買うと手に入る馬券。「がんばれ！」の文字が推し活にもぴったりで、スマホケースに入れるファンも！

推しポイント その ❷

馬について知る（➡ P20）

#馬の生態 #牧場

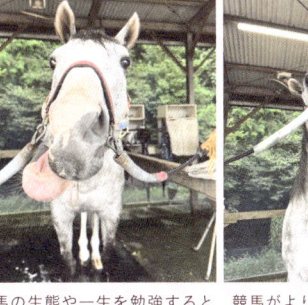

▲ 馬の生態や一生を勉強すると、競馬がより楽しくなり、馬たちに愛着が湧いてくる。なかなか知ることのできない馬の日常や馬を育てる人たちについても学んじゃおう（P50）！

推しポイント その ❸

競馬場に行って楽しむ（➡ P96）

#競馬場グルメ
#もはやテーマパーク

▲ 鉄板グルメからSNS映えするメニュー（P100）まで盛りだくさん。どれにするか迷うこと間違いなし！ UMAJO SPOT（P98）という女性専用エリアではフリードリンクも。

▼ 青空の下で飲むお酒は最高！ おしゃれなカクテルやオリジナルビール（P112）なども充実。

▲ 競馬場に設置されているターフィーショップ（グッズショップ）。どれもかわいすぎて、いろいろ買っちゃう！

推しポイント その ❹

騎手や馬たちを応援する（➡ P28）

#推し活 #イケメン騎手

▲ 馬を間近で見られるのは競馬場や馬事公苑（P116）など、現地に行った人だけの特権。キュートでかっこいい馬たちを見に行こう。

▼ 競馬場のパドック（P17）では、馬だけでなく、間近に騎手たちも！ ぜひ推しを見つけてみて（声をかけたりするのはやめよう）。

▲ ファンの間で密かに流行っているのが、"厩舎推し"。厩舎（P16）ごとの色や特徴もあり、馬を世話するスタッフさんの仕事も必見（P40）！

CONTENTS

PART1

推したくなる！
かわいい馬と関わる人たち

PART2

密着！日本一の厩舎って どんなところ？

PART3

スッキリわかる！
馬券の買い方講座

今週末行ってみよう！
10倍楽しめる競馬場ガイド

Introduction Guide

本書は、先生役のナギサと生徒役のスズ、個性豊かな2人がナビゲーターとなり、楽しく競馬を紹介していくガイドブックです。2人の会話を通じて、まるで一緒に学んでいるような感覚を味わえるはず。気になるページから自由に読み進められるのもこの本の特徴。P6-7を参考に、好きなトピックから旅を始めてみてくださいね。

ただし、P16-17はとても重要なので、ここはぜひ読んでください。もし途中でわからない用語が出てきたら、P16-17やP72-73、P122-125を頼ってみましょう。

さあ、"競馬沼"へようこそ！

スポーツ新聞競馬担当記者

ナギサ

子どもの頃、父親が所有する競走馬のレースを観戦したのをきっかけに、競馬にハマる。中学生の頃にはクリスマスプレゼントに馬の医学書をねだるほど、競馬への情熱は本物。現在はその熱意を活かし、スポーツ新聞の競馬担当記者として活躍中。

ライター

スズ

まわりに競馬を始める人が増えてきて、少し気になり始めたけれど、自分にはちょっと難しそうで、なかなか最初の一歩が踏み出せていない。ひょんなことからナギサと知り合い、競馬を学ぶことに。

推したくなる！
かわいい馬と
関わる人たち

競馬の主役である馬や騎手、そして裏で支える人々まで、
その魅力をたっぷり紹介！ これを読めば、競馬が
もっと身近に感じられるはず！

楽しく教えるから
安心してついてきて！

ありがとう！
少しずつ
勉強していくね。

そもそも競馬とは？

競馬について深く学んでいく前に、まずは前提知識をおさえておこう。「もう知っているよ」という人は、次の見開きから読んでも大丈夫！

Q 競馬ってなに？

A 騎手が馬に乗り、1着でゴールすることを目指す競技。上位成績だと賞金がもらえる。競艇、競輪などとともに「公営競技」として扱われ、特殊法人や地方自治体による施行が許可されている。

中央競馬
- ・JRA（日本中央競馬会）が運営母体
- ・芝、ダートどちらのレースも行われる
- ・1着賞金が5億円のレースもある

地方競馬
- ・各地方自治体が運営母体
- ・ダートのレースが主体（盛岡でのみ芝のレースも行われる）
- ・中央競馬と比較すると賞金は低い

Q 中央競馬と地方競馬はどう違う？

A 中央競馬はJRA、地方競馬は各競馬場が所在する地方自治体が管轄。運営母体が異なり、都内でも、東京競馬場は中央競馬、大井競馬場は地方競馬に属する。以降、本書では中央競馬のことを解説していく。

Q JRAとは？

A JRAは日本中央競馬会の略で、中央競馬を運営する特殊法人。競馬や馬事の普及・育成、関連事業の推進を行う。農林水産大臣の監督を受け、資本金は全て政府が出資し、生じた利益の半分を国に納める。

Q 馬券のお金はどこへ行く？

A 競馬の特徴は20歳から勝馬投票券（以下、馬券）を購入できること。馬券購入費の75％が払戻金、残り25％のうち15％はJRA、10％は国庫へ納付。国庫納付金は畜産振興や社会福祉に活用される。

馬券購入費の内訳

払戻金 75%	JRA 15%	国庫 10%

※さらにJRAの利益が出た場合、各事業年度の利益の半分を国庫へ納める

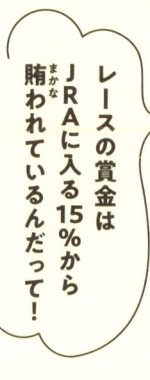

レースの賞金はJRAに入る15％から賄われているんだって！

レースの種類は？

A｜芝・ダート・障害の3種類。原則、芝のレースは芝生、ダートは砂の上を走り、障害競走は、竹柵、いけがき、水濠などの障害物を越えて1着を競う。

芝	ダートや障害よりもスピードが出るためタイムが速い
ダート	芝よりもパワー、スタミナが求められる
障害	クラスは未勝利とオープンのみで構成されている

障害と比較し、芝、ダートを「平地競走」とくくることも

原則、毎年1〜6月上旬は、3歳限定のレースと4歳以上のレースの2本立て。それ以降は、3歳が4歳以上のレースに合流し、2歳限定と3歳以上になる。

いつどこで開催される？

A｜中央競馬は原則、年末年始以外の土日祝日に開催。持ち回りで全国10ヵ所の競馬場でレースがあり、日曜日に大きなレースが行われることが多い。なお、地方競馬は15ヵ所の競馬場で平日も開催されている（※2025年1月時点）。

レースの賞金って何？

A｜賞金は「本賞金」と「収得賞金」があり、本賞金は1〜5着馬に支払われ、関係者に分配される。収得賞金はクラス区分の基準となる金額で、実際の支給額とは異なる（収得賞金の算出方法はP126）。

出られるレースはどうやって決まる？

A｜各馬は年齢と収得賞金に応じてクラスに分けられ、出走可能なレースが決まる（右図参照）。基本的に2〜3歳で新馬戦からデビューし、原則1勝ごとに上のクラスへ昇級する。ただし、重賞では2着でも収得賞金が加算され、昇級することがある。有馬記念など、有名なレースはほとんどGⅠ（P17）。

競馬はいつからあるの？

A｜1539年頃、イギリスで初めてとなる常設の競馬場が誕生。その後、各地に競馬場がつくられていき、現在に続く競馬のかたちは17世紀に確立された。イギリスではサラブレッド（P20）が改良され、レースが組織化されるとともに、馬券の販売が導入。日本では1862年、横浜で西洋式競馬が始まり、1923年に日本競馬会が設立されるなど、全国的な普及が進んだ。

重賞（グレードレース）と呼ばれる格式ある競走。賞金も高い

オープン競走

- GⅠ
- GⅡ
- GⅢ
- リステッド
- オープン特別
- 3勝クラス（収得賞金1001〜1600万円）
- 2勝クラス（収得賞金501〜1000万円）
- 1勝クラス（収得賞金500万円以下）
- 新馬・未勝利

※平地競走の場合
※オープン競走にたどり着く馬は約3〜5％ほど
※未勝利〜2勝クラスは前走5着以内の馬が優先的に出走可能

超キホンの競馬用語

競馬を始めるうえで欠かせない基本的な用語たち！ できれば、ここだけは読んでから次のページに進もう。以降のページでわからない用語がでてきたら、まずこのページを開いてみよう。

📝 馬について

【牡馬（ぼば）／牝馬（ひんば）／騙馬（せんば）】オスの馬を牡馬、メスの馬を牝馬、去勢した牡馬を騙馬という。

【種牡馬（しゅぼば）／繁殖牝馬（はんしょくひんば）】種牡馬とは繁殖用の牡馬。引退後、種牡馬になるのはほんの一握りで、現役時代に活躍した馬か血統が優れている馬が中心。繁殖牝馬とは種牡馬と交配する牝馬を指す。

【産駒（さんく）】「〇〇産駒」という言い方をし、〇〇には父馬や、母馬の名前が入る。「〇〇の子ども」という意味。主に父馬である種牡馬の馬名が入ることが多い。

【気性（きしょう）】馬の性格や気質。レース中の集中力などが含まれる。「気性がいい／悪い」ということが多い。

【古馬（こば）】4歳以上の馬。馬の年齢は生まれた日に関係なく、全頭1月1日に加齢される。

【繋養（けいよう）】牧場などで馬を管理、飼育すること。競走馬の場合は現役引退後に種牡馬や繁殖牝馬、功労馬として養われることをいう。

📝 トレーニングについて

【馴致（じゅんち）】誕生から競走馬としてデビューするまで、コースでの走行や馬具の装着などに慣らす過程。

【厩舎（きゅうしゃ）】競走馬が所属する施設やチーム。所属馬はレース前に滞在する。厩舎の責任者は調教師で、厩舎の従業員である調教助手、厩務員が馬の管理を行う。

【調教（ちょうきょう）／追い切り（おいきり）】調教は競走馬のトレーニング全般を指す。その中でも、追い切りとはレース前に行う最終段階の調教。レースに向けたコンディション調整を目的とする。

【坂路（はんろ）】傾斜のあるコース。調教に使用され、馬の前脚への負担が比較的少なく、後脚の筋力アップに役立つ。

【トレセン】トレーニングセンターの略。競走馬が滞在し、調教を受ける施設。例：美浦トレセン、栗東トレセン。厩舎はトレセンに属する。

【ノーザンファーム】日本を代表する競走馬の生産牧場。多くのGI馬を輩出している。また、関連会社がノーザンファーム天栄（P90）などの育成牧場や馬主業なども運営。社台グループ（P124）に属する。

🖊 レースについて

【馬場 (ばば)】競走馬がレースをしたり、調教されたりする場所。また、スタンドに最も近い外側の平地競走用の馬場を「本馬場」という。レース時には競馬場の馬場状態が「良」「稍重」「重」「不良」の4段階で発表される。最も水分を含んでいない状態が「良」、最も水分を含んでいる状態が「不良」。

【斤量 (きんりょう)】馬が背負う重量。騎手と鞍の重さ。斤量の決め方は大きく分けて、「馬の性別・年齢」「ハンデ」「レースごとに決められた条件」の3種類がある。

【パドック】出走馬がレース前に周回する場所。観客が馬の状態を観察できる。

【返し馬 (かえしうま)】入場してからスタート地点に向かうまでに、馬がウォーミングアップで行う走り。

【輪乗り (わのり)】レース前の待機中に、馬が小さな輪を描くように歩くこと。スムーズなゲート入りのために調節する行動。

【馬番 (うまばん)】出走馬につけられる、1頭ずつ異なる番号。枠順の数字 (枠番) とは異なる場合がある。JRAでは1レースにつき最大18頭まで。

【枠順 (わくじゅん)】レースでのゲート番号の位置。出走馬の順番が枠で指定され、最大で8枠ある。レースに9頭以上が出走する場合は、一つの枠に複数の競走馬が入る(実際のゲートは各馬分けられている)。騎手がかぶるヘルメットは枠ごとに色が異なり、1枠=白、2枠=黒、3枠=赤、4枠=青、5枠=黄、6枠=緑、7枠=橙、8枠=桃と決められている。

【ゲート】スタート地点に設置された発馬機。出走馬がここからスタートする。

【GⅠ】グレードが最も高いレース。平地競走については、国際格付けを有する競走をGⅠ、GⅡ、GⅢと表記し、それ以外の競走をJpnⅠ、JpnⅡ、JpnⅢと表記するようになった。なお、障害競走の格付けはJ・GⅠ、J・GⅡ、J・GⅢと表記される。

【クラシック (レース)】3歳馬が出走できるレースで、英国競馬にならい体系化された。桜花賞、皐月賞、優駿牝馬 (オークス)、東京優駿 (日本ダービー)、菊花賞の5レースを指す。格式高く、皐月賞、東京優駿、菊花賞を「中央競馬クラシック3冠」といい、達成した馬は「3冠馬」として語り継がれる。長い競馬の歴史の中で、「3冠馬」はわずか8頭のみ (※2025年1月時点)。また、「牝馬3冠」とは桜花賞、優駿牝馬 (オークス)、秋華賞 (1995年まではエリザベス女王杯) を指す。「3冠牝馬」もわずか7頭しかいない (※2025年1月時点)。

【特別競走 (とくべつきょうそう)】一般競走と異なり、「特別登録」を必要とする競走。重賞競走も特別競走のなかに含まれる。「特別登録」とは、定められた日時に特別登録料とともに申し込む手続き。原則として、GⅠはレース2週前、GⅠ以外の特別競走はレース1週前の日曜日に、特別登録馬がホームページに掲載される。ちなみに、中央競馬では特別競走全てにレース名がつけられている。一般的な条件競走よりも高い賞金が設定される。

そこが気になる！

馬とレースのトリビア

競馬の主役は何といっても競走馬たち。馬とレースについての基本的なことや意外と知らないトリビアをここでは紹介！

 1日何レース行われている？

 中央競馬は基本的に土日に開催され、原則1日あたり24～36レース（12レース×2～3競馬場）。年間レース数は3000回を超える。ちなみに、東京競馬場では最大で1日19万人以上を動員したことがある。

 100円が3000万円になったレースがある!?

2012年8月4日、新潟競馬場で行われたレースで人気薄の馬が上位を独占し、3連単（P87）の配当が2983万2950円に。わずか数分で100円が約3000万円になることもある。

 一番賞金が高いレースは？

ジャパンカップと有馬記念（1着5億円※2025年1月時点）。ちなみにサウジアラビアで行われるサウジカップ（GI）で1着になると、なんと15億円以上（1000万米ドル※2025年1月時点）ももらえる！ 2023年に日本のパンサラッサという馬がこのレースを制した。

 賞金は誰がもらえるの？

芝・ダートといった平地競走（P15）の場合、賞金の配分は、馬主80％、調教師10％、騎手5％、厩務員5％（P26）。1～5着の場合に支払われる「本賞金」以外に、6着以下に支払われる賞金もある。

勝てなくても、レースに出ればお金をもらえるんだね。

競走馬1頭にかかる1ヵ月あたりの費用は？

馬主は1頭あたり月に約60〜80万円ほどを預託料として厩舎に支払う。これには、餌代、飼育・調教費用などが含まれている。加えて、特別競走（P17）に出走するには登録の必要があり、登録料をJRAに支払う。

クラシック（P17）に直前で登録した場合は、200万円かかってしまうことも。

競走馬の価格は1頭〇億円!?

競走馬は300年以上も優秀な血統を受け継いできたエリートたち。なんと6億円で購入されながらデビューできなかった馬も……。競走馬がデビューにたどり着くだけでも大変なことなんだ。

レース中、競走馬は時速何キロで走る？

平均時速は約60km/hで、トップスピードは約70km/hを超える。日本競馬の歴代最高時速は2002年にカルストンライトオがマークした75km/hとされている。

馬は意外ときれい好き？

多くの馬は、調教（P16）などの運動後は汗をかいているのでシャワーを浴びる。さらに、馬房（馬が寝ている部屋）が汚いと精神面に影響が出たり、蹄（P20）の衛生状態が悪くなり、病気につながる。厩舎スタッフは常にケアしているんだ。

競走馬は毛色によって品種が違う？

競走馬のほとんどは「サラブレッド」という品種。毛色によって品種が決められているわけではなく、血統でサラブレッドかどうか決められているんだ。具体的には三大始祖（P125）の子孫がサラブレッドにあたる。サラブレッドの毛色は8種類（鹿毛、黒鹿毛、青鹿毛、青毛、芦毛、白毛、栗毛、栃栗毛）。その中でも、白毛の確率は約2万分の1といわれるほど珍しく、たくさんのファンを虜にしたソダシは白毛の馬なんだ！

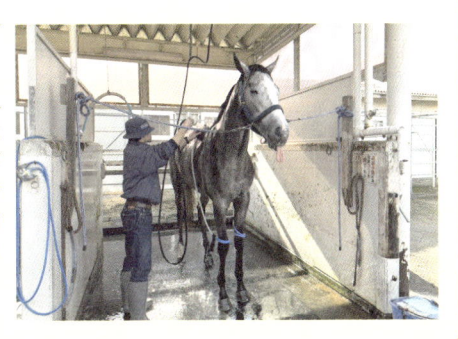

サラブレッドってこんな動物

サラブレッドは馬の中で他の品種と比べて、首と脚が長い体型が特徴的。平均寿命は25歳ほどで、平均体重は約470kg。まれに、300kg台のサラブレッドも存在し、300kg半ばながら重賞戦線で活躍したメロディーレーンは競馬ファンから愛されている。

耳
サラブレッドの耳は表現豊かで、心情が表れるとされる。耳は「口以上にモノをいう」。

目
草食動物のため外敵にすぐ気づけるように、なんと350度見渡すことができる。

流星
額にみられる白い丸のような模様を「星」という。その中でも、鼻筋から細長く白い模様が伸びているのを「流星」といい、その他にも馬によって多種多様な模様がある。中には、星がない馬もいる。

鼻
嗅覚で相手を認識するために、人間が近づくと鼻を近づける。

口
前歯で噛みちぎり、奥歯ですりつぶして食べる。求愛している時や慣れない匂いをかいだ時は歯茎を出す。

体高
馬の身長。頭から尻尾までではなく、キ甲から地面までを測る。

蹄
「第二の心臓」といわれる部分。地面からの衝撃を和らげる。最も汚れやすい部位で、蹄から病気が始まることも多いため、厩舎スタッフなどが注意深くケアをする。

毛
サラブレッドの毛色は8種類。「芦毛」は元の毛色（栗毛、鹿毛、青毛など）に灰～白の毛が混在し、年齢が進むにつれて白くなる傾向で、やがてほぼ真っ白になる馬も。また、寒い季節になると"冬毛"といって毛が長くなる。

気分によって変わる！ 馬の耳の動き方

※個体差あり

たてがみ
異性へのアピール、体温調節、急所である首を守るため、など様々な役割があるとされている。

キ甲
首と背中の間に位置するふくらんだ部分。

トモ
後ろの腰、太もも、脚のことを総じて「トモ」という。トモの筋肉は競走能力に重要とされており、競馬新聞で見かける「トモが緩い」とは筋肉がまだ仕上がっていない（P73）状態を指す。

尻尾
虫を追い払うために尻尾を振る。感情表現も行い、気分が高揚している時は尾を高く持ち上げる。

飛節（ひせつ）
人間でいうところのかかと。

正常時

前を向いている。

リラックス状態

横に向いている。

怒りor警戒心が強い時

後ろに倒して絞っている。

馬の一生を追ってみた

※JRA所属の競走馬のケースで、あくまで一例

❶ 生産牧場で誕生（0歳）

生まれてから約1時間で自分で立ち上がる。わずか半年後には母馬と離され（離乳）、放牧地で基礎体力をつける。

1〜4月に生まれる 多くの馬が

❷ 育成牧場で馴致（1歳〜）

ハミや鞍（P30・P31）などをつけても問題ないように、徐々に慣らしていく。馬を屈服させるのではなく、それらを自然に受け入れるように学習してもらう。

①から③までを「馴致」とする場合もある

❸ 育成牧場で騎乗運動（1歳〜）

人を背に乗せることをだんだん覚えさせてから、本格的な騎乗運動へと移る。この段階でスタート練習も行うことがあるが、ゲート（P17）が苦手な馬もいる。

育成牧場で具体的にどんなことをしているかはP51をチェック！

❹ 入厩・調教（2歳〜）

競走馬としての基礎ができたら育成牧場を離れて、トレーニングセンターの厩舎に入る。調教師の育成プランに基づき、本格的な調教が始まる。身体が出来上がってくると、いよいよデビューが近づいてくる！

ゲート試験（P122）に合格しないとデビューできない

❺デビュー（2歳の6月頃〜）

晴れて新馬戦でデビュー！ 体質面などから3割以上がデビューできない厳しい世界なんだ。

3歳8月まで未勝利なら引退や移籍（P123）

❻上のクラス（P15）を目指す

調教師などが適性を考慮し、レースを選択。目指せGI！

実は3頭に1頭は1勝もあげられない

❼放牧・調整

レースの疲れが見えたり、次走までのレース間隔があく場合などは育成牧場に放牧され、調整することもある。

著名な育成牧場 NF天栄（P90）

❽実績を積む

原則レース10日前までに放牧・外厩先からトレセン（P16）に戻る。調教師のもと、追い切り（P16）を行ってレースへ。

ルール上トレセンは省略不可

❾引退（7歳以上でも現役で活躍する馬もいる）

血統や成績のいい牡馬は種牡馬として、牝馬は繁殖牝馬として未来へ血をつなぐ。

馬事公苑（P116）で乗用馬になる場合も！

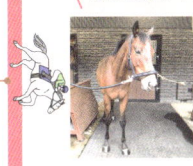

現役時代の何十倍も稼ぐ馬がいるんだ！

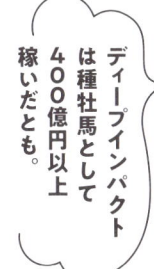

ディープインパクトは種牡馬として400億円以上稼いだとも。

馬の1日を追ってみた

※とある厩舎の場合で、あくまで一例

4時頃　1日の始まり

厩務員が来て、検温したり体調をチェック。馬房の掃除もこの時間に行う。

調教の準備　馬具をつける

6時頃　ウォーミングアップ＆調教

森林馬道や厩舎まわりなどを歩いてウォーミングアップした後、角馬場（P122）で体をほぐし、ウッドコース（P122）や坂路（P16）で追い切り。

全体日は週1日だけ

午前中　調教後の手入れ

厩務員にシャワーで汗を流してもらう。乾燥防止のために蹄油を塗るなど、特に蹄のケアは入念に行われる。手入れ後、朝ご飯を食べる。

シャワーを浴びて気持ちよさそう！

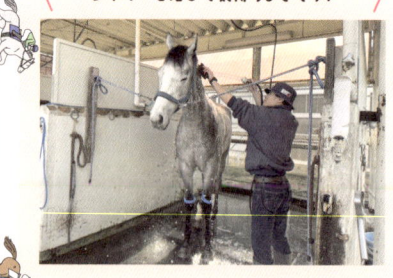

14時半頃　馬体チェック

厩務員が馬体をチェックした後、さらに調教師や調教助手、獣医が確認作業を実施。その合間に厩務員が物理療法を行う。

競走馬の体調にあわせたメニューが出される

15時半頃　食事

15時半、19時にカイバ（食事）を食べる。夜にカイバを与えることを夜飼いといい、スタッフの当番制になっている。

馬の1日を追ってみた

※JRA所属の競走馬のケースで、あくまで一例

当日早朝 競馬場へ出発

出発前に歩様検査（歩き方を診て異状がないか確認）を行い、競馬場へ。遠征馬は競馬場で前泊。

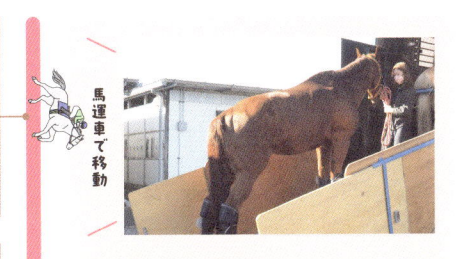

馬運車で移動

レース約60分前 装鞍＆パドック

到着後、待機馬房に入り、60分前までに装鞍所で馬体重の測定や個体識別などを実施。その後、装鞍し約30分前にパドックへ。

馬体重を測っている場面

※写真はトレセン内であり、当日の測定とは異なる

レース約15分前 返し馬＆輪乗り（P17）

約15分前に騎手が騎乗し、パドックから馬場（P17）へ。返し馬で待機所に向かい、輪乗りで発走時間まで待機する。

返し馬は、騎手と馬がコミュニケーションをとりながらアップをする時間

レース直前 ゲートイン＆発走

奇数番の馬からゲート入り。ゲートに入るのが苦手な馬は先に入ることも。

ゲートが開くと、いざスタート！

レース後 検体採取所＆輸送

禁止薬物のチェックのため、1～3着馬および裁決委員（P27）が特に認めた馬の検体が採取され、トレセンへ戻る。

この他にも競馬
関係者はいっぱい
いるんだって！

◯ staff

**牧場スタッフ
（インタビュー➡P50&P90）**

牧場で業務を行う。主に生産牧場、育成・休養牧場がある。生産牧場は馬の生産と売却を行う。育成牧場は入厩までのトレーニングを行い、レース後の放牧先（休養牧場）となる場合が多い。また、生産・育成、休養の全てを行う牧場もある。

◯ owner

馬主

セリや庭先取引（生産者と馬主の直接取引）で馬を購入し、オーナーとなる。馬主資格が無くてもオーナーの気分が味わえる一口馬主（P124）という形態も。

◯ trainer

調教師（インタビュー➡P42&P56）

競走馬を管理する厩舎のリーダー。出走させるレースを決め、そこに向けた調教を行う。

◯ staff

**厩務員
（インタビュー➡P46&P62）**

厩舎で馬房の掃除、餌やり、体調管理などを行う世話係。1人2頭を担当する場合が多い。

◯ staff

調教助手（インタビュー➡P63&P65）

調教師の指示のもと調教を行う一方で、厩舎の事務作業もこなす。専業に加え厩務員の仕事も兼ねる「持乗調教助手」もいる。

◯ agent

エージェント

馬主や調教師から騎手に対する騎乗依頼を仲介する役割。競馬新聞やスポーツ新聞の記者が務めることが多い。

◯ jockey

**騎手
（インタビュー➡P36&P66）**

レースで競走馬に騎乗し、能力を発揮できるように導く。騎乗技術とレース戦略に長け、馬と信頼関係を築くことが求められる。

テとウラから支える人たち

※紹介しているのはあくまで一部

> 1頭の馬がレースに出るために、たくさんの人が携わっているよ。

□ staff

バレット

騎手の身の回りの世話をする。「騎手の体重＋馬具＝斤量（P17）」になるよう準備する仕事も。ちなみに、主な馬具はスポンジ、鞍、腹帯（P31）で、斤量不足の場合はなまりゼッケン（P31）で調整する。

□ staff

JRA馬場造園課

競馬場の馬場の整備を担当。散水など定期的に馬場を手入れし、走行に適したコンディションを維持する。

□ staff

JRA発走委員・裁決委員

レース運営を担う。TVに映る旗を振って、スタートの合図を送る人は発走委員。裁決委員は着順確定や走行妨害の有無などをチェック。

□ staff

装蹄師

馬に適した蹄鉄を作成し、調教前やレース前に装着。蹄鉄は蹄を保護し、人間でいう靴の役割を果たす。

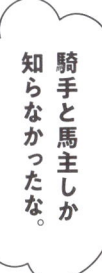

> 騎手と馬主しか知らなかったな。

□ veterinarian

獣医師

競走馬の健康を管理し、レースに向けた体調チェックや治療を行う。病気や怪我の早期発見と治療が求められる。

□ journalist

競馬記者

競馬に関する情報を取材し、記事として発信するジャーナリスト。レース結果や競走馬、騎手に関するニュースを報道する。

そこが気になる！
騎手のトリビア

その役割などがわかりづらい騎手。騎手について気になるギモンを解消していこう！

Q そもそも騎手とはどんな職業？

A 馬が能力を発揮できるように導く職業。乗った感想などを調教師に伝え、次走を進言することもある。レース時には体重を50kg台前半にすることが求められるため、身長は150〜160cm台の人が多い。

Q 女性の騎手はいる？

A 2025年1月時点でJRAには6名の女性騎手が在籍。2016年、藤田菜七子氏が16年ぶりのJRA女性騎手としてデビューして以降、女性騎手の活躍が目立っている。

Q 騎手にはどうやってなるの？

A 「競馬学校の入学試験に合格→競馬学校に3年間通う（入寮）→騎手免許試験に合格」して初めて騎手になれる。競馬学校卒業後は、基本的に厩舎に配属され、それぞれデビューして実績を積み重ねていく。一人前になるとフリーになるケースもある。

Q 1日に何レース騎乗する？

A 多い人だと1日に10レース以上騎乗する場合がある。リーディング（P124）上位の騎手ほど、馬主や調教師から「乗ってほしい」という騎乗依頼が集まり、忙しいんだ。

夢のある仕事だけど、落馬して大怪我する危険と隣り合わせの大変な仕事だよね。

Q 騎乗する馬はどうやって決まる?

A 人間関係も影響するけれど、競馬界は厳しい「実力の世界」。結果を出している騎手には、依頼が集まりやすい。一方で、結果を残さないと、依頼が減ってしまうことがあるんだ。

中央競馬では馬主ごとで勝負服のデザインが異なる。地方競馬では騎手ごとに決まっているけれど、一部のレースでは馬主服の着用が認められているよ。

Q スマホを使っていけないのはどうして?

A 金曜日に調整ルーム(P34)に入ってから日曜日のレース終了後まで、通信機器を預けなくてはいけない。これは、部外者と連絡して八百長をすることなどを防ぐために設けられているルール。

Q 他にルールはある?

A レース内のルールでは、「1レースでムチの連続使用は5回まで」という決まりや斜行(P123)させてはいけないことなどがある。これらに反すると、罰金(過怠金)や騎乗停止の処分などが下される。

Q 騎手の年収は?

A 平地競走の場合、JRAからレース賞金(賞金の5%)と騎乗手当(レースに騎乗するたびに約2〜6万円)などをもらえて、厩舎からの騎乗契約料(所属厩舎から騎手に支払われるお金)または調教料(フリーの騎手が調教を手伝うともらえるお金)などが、騎手の収入になる。サウジカップで1着になったパンサラッサに騎乗した吉田豊騎手は、1レースでなんと1億円以上を獲得したという(サウジアラビアでは賞金の10%が騎手の収入に)!

Q 世界で活躍する日本人騎手はいる?

A 現在、海外のレースで活躍する騎手が増えている。これまではドバイや香港での好成績が目立っていたが、近年はアメリカでも活躍しており、BCF&Mターフを制した川田将雅騎手、ケンタッキーダービーやBCクラシックで3着に入った坂井瑠星騎手(P66)らがいる。

騎手と馬の道具を紹介!

実は、レースに必要な道具はたくさん! 周囲の音など余計なものを遮(さえぎ)ることで馬を落ち着かせるメンコ、前しか見えないようにすることで集中力を高めるブリンカーなどを頭に装着する馬もいる。

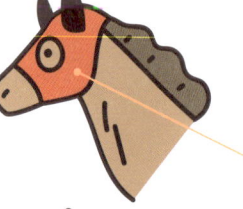

メンコ

馬は耳で情報を収集するため、耳を覆うことで余計なものを遮って落ち着かせる効果がある。

ブリンカー

メンコの目の部分にプラスチックカップなどをつけ、前しか見えないようにすることで集中力を高める狙いがある。

ハミ

頭絡に取りつけられる金属の棒状の部分。馬の口に装着し、騎手が手綱を通じて馬と会話するために使う。

手綱(たづな)

ハミと連動して馬の進行方向や速度を調整する。乗用車のハンドルのような役割。

ムチ

馬に合図を出して、速く走らせるための道具。馬への負担を考慮し、レースでは衝撃吸収のパッドがついていないと使えない。

ヘルメット

騎手の頭部を守るために必須の装備。レース中の落馬や接触事故から騎手を保護する役割を果たす。軽量で耐衝撃性の高い素材でつくられている。

ゴーグル

前の馬が蹴り上げた土や芝生がすごい勢いで飛んでくるため、ゴーグルは必須。ダートや悪天候の場合は、「ダート板」という透明なプレートをゴーグルの前につけることも。

勝負服

騎手が着用するユニフォーム。JRAでは馬主ごとにデザインが異なる。定められた13色の中から最大3色を選んでデザインを決められる。

頭絡（とうらく）

馬の顔や頭部に装着する道具。ハミや手綱と連動し、馬の動きをコントロールするために必要不可欠。革やナイロン素材でつくられることが多い。

鞍

騎手が馬に乗る際に使用する座具。軽量で安定性が高く、レース用の鞍は特に軽量化されている。

ゼッケン

レース中に馬の番号と名前を示すもの。鞍の下に装着され、観客や関係者が馬を識別しやすくする。

15
ウマニコイスルケイバガイド

※実際の馬名は9文字以内と定められている

鐙（あぶみ）

騎手の足を支えるための金属製の器具。鞍に取りつけられ、バランスを保ちながら馬を操作するのに重要な役割を担う。

スポンジ

馬の背中に鞍を置く際のクッションとして使用。スポンジを入れることでより安定した装着感が出る。

バンデージ

馬の脚を保護するために巻くもの。筋肉や腱を守り、怪我を防ぐために使用される。

腹帯

鞍を馬の背中に固定するための帯状の道具。しっかりと装着することで鞍がずれるのを防ぐ。

なまりゼッケン

鞍の下に装着する騎手の重量を調節するためのゼッケン。

ある若手騎手の1日を追ってみた

※JRA所属騎手の一例　※春・秋を例にしている

6時頃〜10時半頃　調教

騎手の朝は早い。馬場の開場とともに調教が開始される。ちなみにトレセンの馬場の開場時刻は季節によって変動する。春・秋は6時、夏は5時、冬は7時に開場される。暑さに弱い馬の体質を考慮して、夏の調教時刻は他の季節より早い。水曜日の調教はその週にレースに出る馬の最終追い切りが行われることが多い。約2000頭も滞在するため、調教は何部かにわかれており、ハロー掛け（右写真）直後は馬場がきれいなので、人気で混雑する。また、調教中は各馬「調教ゼッケン」を着けている。調教ゼッケンは馬ごとに決められた番号が記載してあり、年齢や性別などによって色分けされている（※詳細は以下）。さらに、中央競馬の重賞レースおよび地方競馬のダートグレードレースを勝利した競走馬などには、ゼッケンに馬名が入り、GⅠを勝った馬にはGⅠの勝利数だけ★がデザインされる。

調教するコースは複数あるので、それぞれが調教するコースへ向かう

コースは調教の合間に何回も清掃される

障害界の怪物オジュウチョウサンがかつて使っていた調教ゼッケン（紫地・橙文字）。J・GⅠレースを9勝しているため★が9つ

調教ゼッケンの種類

※美浦トレセンの場合

● 牡馬&騙馬

〜2歳9月頃	2歳10月頃〜3歳9月頃	3歳10月以降
緑地&橙文字	黒地&橙文字	青地&橙文字

● 牝馬

〜2歳9月頃	2歳10月頃〜3歳9月頃	3歳10月以降
黄緑地&赤文字	桃地&紫文字	黄地&赤文字

● 特殊ゼッケン

（※GⅠレースに特別登録した場合、一定の期間内「特殊ゼッケンを使用する）

GⅠレース特別登録馬特殊ゼッケン	牝馬限定GⅠレース特殊ゼッケン	GⅠレース優勝馬調教ゼッケン	J・GⅠレース優勝馬調教ゼッケン
紫紺地&黄文字	海老地&黄文字 ※濃い赤色	紫地&黄文字	紫地&橙文字

調教の合間
打ち合わせ＆メディア対応

調教の合間の時間に馬の状態を調教師や厩舎スタッフと共有し、改善点や次回の計画を話し合う。空いた時間に記者会見をしたり、競馬記者から取材を受けることも多い。

騎手に取材する著者

12時頃〜15時頃　昼食・休憩・トレーニング・マッサージ

昼食をとった後、各自休憩したり、トレーニングを行ったり、マッサージを受けたりする。

トレセン周辺にある「厩務員食堂」は一般利用も可能

15時半頃〜　厩舎で翌日の調教の打ち合わせ

若手騎手は厩舎に行き、今朝追い切った馬のその後の状態を確認したり、翌日の追い切りについて打ち合わせをしたりする。

調教師や調教助手と調教メニューなどを話す

トレセン周辺には競馬関係者ら約3000人が暮らし、一つの〝社会〟を形成しているよ。

3000人！別世界が広がっている感じなんだね。

ある若手騎手の1日を追ってみた

※JRA所属騎手の一例

〜前日21時
調整ルームに前泊

前日の金曜日21時までに、トレセンの調整ルームに入る。土日の調教がない騎手は競馬場の調整ルームに滞在。

調整ルームから厩舎までは近い

4時頃　調教（※ない場合もある）

厩舎へ移動し、調教に乗る。競馬場へ出発する時間が決まっているため、平日と比較すると、調教開始時刻は早い。調教後、調整ルームに戻った後は急いで準備をし、競馬場に向かう。

週末の調教は夜明け前から始まる

9時頃　第1レースの前検量
（※騎乗する場合）

レースごとに、斤量をクリアしているか検量室で計測。レース前に行う検量を前検量、レース後に行う検量を後検量という。オーバーした場合は制裁を科される場合がある。

パドックでは、調教師や調教助手、厩務員から馬の特徴などを伝えられる時も

9時35分頃
パドックで騎乗&レース

パドックの控え室で騎手の重量を再度検量。騎乗合図がかかると、パドックで騎乗しレースへ向かう。

10時頃　レース&後検量

レース後、1〜7着と裁決委員が指定した騎手はレース後に後検量を行う。前検量と誤差がないか確認。

馬と呼吸をあわせて1着を目指す！

10時05分頃
第2レースに騎乗

レース後は、関係者との振り返りを行う。騎乗レースが続く場合は地下馬道（パドックと馬場をつなぐ地下通路）から乗ることがある。

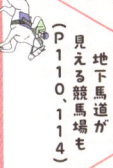

地下馬道が見える競馬場も（P110、114）

16時　最終騎乗終了

翌日もレースが開催される場合、トレセンか競馬場の調整ルームに入室。騎乗場所が変わる場合は移動して調整ルームへ。

移動中も通信機器を使用してはいけない

1着になると、後検量の直後に表彰式&口取り式（P122）に参加するんだって！忙しい！

この他にレース後に記者の取材を受けることも。

騎手にインタビュー！

松岡正海

Masami Matsuoka

1着でゴールする瞬間より
嬉しいことってないんですよ—

若手時代から第一線で活躍し続ける松岡正海騎手。コイウタ、マイネルキッツ、ウインブライトなど国内外でGⅠ制覇を成し遂げてきた騎手ですが、「技術はまだまだ足りていない」といいます。競馬への愛をいきいきと話す姿は、まるで少年のよう。「これしか好きなことがない」というストイックな競馬人生を語っていただきました！

──乗馬未経験から騎手になられたとお聞きしましたが、なぜ競馬の道に？

　小学2年生の後半にはもう騎手になると決めていたんです。競馬が好きだったのと、会社員になりたくなかったので（笑）。腕一つで稼ぐところに魅力を感じ、小さいうちから「自分だったらこう乗る」と思いながら、レースを観ていました。

──そんなに小さい頃から！　競馬学校時代の思い出などはありますか？

　最初は乗馬経験者に追いつくのに必死でした。2年生の夏に初めてトレセンでの実習が始まり、所属厩舎が決まった頃から「俺も騎手になるんだな」と実感が湧き始めました。あと思い出といえば夜、脱走してお菓子を買いに行ったら教官に捕まってめちゃくちゃ怒られたことかな（笑）。昔の競馬学校はお菓子禁止だったので。

──かわいいエピソードですね（笑）。体重管理では苦労されているのでしょうか。

　今はあまり苦労しないですね。意外に、白米もお肉も普通に食べます。ただ中学生の頃は、競馬学校に入るために人生で一番ダイエットをしていました。中学2〜3年生なんて、ほとんど物を食べた記憶がないくらい。どうしても騎手になりたかったので、朝はロールパン1個食べて学校に行き、部活で野球をして……。辛かったけれど、情熱があれば何でもできました。

──そのストイックさが今の松岡騎手をつくっているのですね。騎手の方の普段の生活を教えてください。

　平日は朝4時頃に起きて調教へ行き、その後は昼寝やトレーニングをします。通常、木曜日になるとレースの出走馬が決まるので乗り方をイメージし始め、翌日枠順（P17）が確定したら、その枠・馬での乗り方を考えてレースに備えます。月曜日は基本的にオフですが、僕は牧場へ来年デビューする馬を見に行ったりします。休みは月2回あればいいかな。

──多忙ですね（汗）。レース中はどのようなことを考えているのでしょうか。

　F1レーサーに近いと思います。騎手はみんな「何番手につけたい」というのがあり、スタート後そこを目指していくんです。でも、理想のポジションをとれる人は2、3人しかいないので、とれなかったら、最後の直線に向けてど

う馬を誘導しようか考えながら馬を走らせています。レース前は大体4、5パターンを想定します。勝っても負けても、ゴールを通過して引きあげる時にはもう改善点を考えていますね。

——レースでは怪我もかなりされてきたとお聞きしましたが。

一番大きいのは左大腿骨の骨折です。今でも骨の真ん中に金属の棒が入ったままで、空港の保安検査場で引っかかることがあります（笑）。馬に蹴られて右腕、落ちて右の鎖骨……など、至るところを骨折して、何回も手術しています。首の太い血管が衝撃で伸びて、脳梗塞にもなりました。今でも詰まったままで、すぐに張ってしまい、よく頭痛になりますね。

——聞いているだけで凄まじいです……。恐怖心などはないのでしょうか。

「痛いな」と感じますけど、何とも思わないです。もしものことがあっても、覚悟はできています。あくまで僕に限った話ですが、競馬しか好きなことがないので、「人生長く生きるか、短く生きるか」の差だと思っているんです。ウインブライトの引退レース（2020年香港カップ）に乗った際は左大腿骨を骨折した後で、骨はくっついていなかったし、筋肉も落ちた状態でした。

写真提供：JRA

▲ 2019年2月、ウインブライト号で中山記念（G Ⅱ）に勝利。

医師から「この状態で落ちたら死ぬかもしれない」といわれていましたが、乗らなかったら死ぬ時に後悔すると思って乗りました。

——競馬こそが松岡騎手の人生なのですね。そんな松岡騎手から見た騎手の一番の魅力はなんでしょうか。

もう全部ですね。馬って同じに見えるかもしれないですが、1頭1頭乗った感覚や気性（P16）が違う。そんな馬たちにあわせてメニューを組み、レースに向かっていく過程も魅力的ですし、結果が出た時の喜びは競馬でしか味わえないと思います。1着でゴールする瞬間より嬉しいことってないんですよ。どれだけ勝つ騎手でも8割方負けるのが常だけど、みんなその瞬間のために人生を懸けているんだと思います。誰もいない中を先頭で駆け抜ける達成感と快感は、他では得がたいものかな。

——まさに天職ですね。

　好きなことを毎日やらせていただいてるので、今でも「あの馬、今日どんな感じかな♪」って、遊園地に行く気分で毎朝家を出るんですよ（笑）。ただ、引退するまで「完璧に乗れた！」と感じるレースはないと思います。もっとうまく乗るために日々課題を見つけて取り組んでいますね。

——最後に、最近競馬へ興味を持った方に向けてメッセージをお願いします。

　競馬は一見華やかな世界に見えますが、調教は地味な作業の繰り返しです。しかし、それが意外と奥深かったりします。僕は必ずしもレースに詳しくなければならないとは思いません。馬券を買うだけが競馬ではないので、好きな馬や騎手を見つけて追いかけるのもいいし、馬を見に行くだけでもいい。競馬場に行くこと自体を気軽に楽しんでもらえたら嬉しいですね。

\ Profile /

松岡正海（まつおか・まさみ）

1984年7月18日生まれ、神奈川県出身。2003年にデビューし、2013年からはフリーで活動。2006年のアイルランドでの修業後、2007年にはコイウタ号で自身初のGⅠを制覇し、同年に中央競馬騎手年間ホープ賞を受賞。2010年には年間100勝を達成する。2019年、ウインブライト号で武豊騎手以来、当時2人目となる「日本人騎手海外GⅠ年間2勝」の偉業を成し遂げた。好きなお菓子はアルフォートとエンゼルパイ。

著者が中学生の頃からの知り合い。

そこが気になる！ 調教師のトリビア

「調教師」ってたまに聞くけど、何をしているの？ 実は最も"責任重大"かもしれない調教師について気になるギモンを解消していこう！

Q 調教師ってどんな職業？

A P26でも触れているが、馬の監督的な立ち位置かつ厩舎のリーダー。主な仕事内容は馬の仕入れ、馬の出し入れ、調教の指示出し、適切なレースと騎手の選択、厩舎の経営などがあげられる。

Q 厩舎には他にどんな人が働いているの？

A P26で紹介した調教助手や厩務員に加え、所属騎手なども働いている。大きい厩舎だと、スタッフが20名程度いるため、馬の預託料だけではなくレースで賞金を獲得して、彼らを食べさせるのも調教師の仕事。

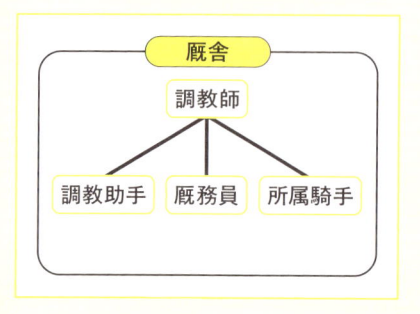

Q 仕事内容をもう少し具体的に教えてくれない？

A 「馬の仕入れ」は厩舎に所属する馬を集めること。牧場でチェックしていいと思った馬や、セリなどで馬主に購入してもらうことが多い。「馬の出し入れ」とは、管理馬の上限が貸付馬房数×2.5のため、レースに使う馬と放牧馬を入れ替えることを指す（厩舎メリット制・P123）。

Q 外厩スタッフとどう違うの？

A レースが近づくと、馬が育成牧場・休養牧場から戻ってくる場合が多いため、牧場スタッフよりもレース直前の調整を求められる。牧場の使用が増えている昨今は、牧場との連携がキモになっている。

馬の監督であり、馬主の顧問であり、厩舎という組織の経営者でもある。仕事が幅広いね！

Q 調教の時は何をしているの？

A 調教助手や騎手に調教の指示を出し、調教後に彼らの感想や手応えを聞いて育成プランや次走の計画を考える。火〜金曜日は、トレセンのスタンドや坂路タワー（下写真）で調教を見ることが多い。中には自ら調教に騎乗する調教師もいるよ。

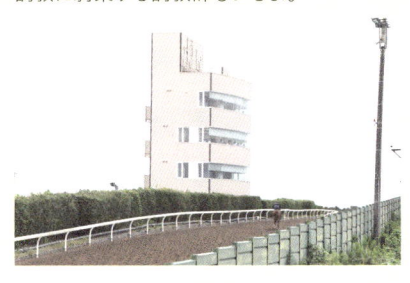

ちなみに、新しく馬房に扇風機をつけたりするのは、調教師さんの自腹。

Q 火〜金曜日以外は何をしているの？

A 土日は競馬場に行きレースに立ち会い、月曜日は北海道の牧場に馬を見に行ったり、馬主とセリに参加したりする。休みがほぼない激務なんだ。

Q 勝負服は厩舎が管理するってホント？

A 基本的に、騎手の勝負服は騎手でもなく、馬主でもなく、厩舎が管理している。忘れるとJRAに500円払い、「貸服（かしふく）」という勝負服を借りる。それを未然に防ぐシステムを各厩舎が工夫してつくっている。

Q 調教師の年収はどれくらい？

A 活躍する調教師には年収が億を超える人もいるとか。調教助手、厩務員の給料は預託料に人件費として含まれているものの、調教師の収入源はレースで得られる進上金（賞金の10%）のみとなっている。

Q どうすれば調教師になれる？

A 中央競馬で調教師になるには、JRA競馬学校厩務員課程を修了後、採用された厩舎で調教助手や厩務員として経験を積み、その後調教師免許試験を受けて合格する必要がある。調教師免許試験は難関で、ようやく合格した後は厩舎を開業するまでの間を「技術調教師」として過ごし、開業への準備を整える。有名騎手が調教師に転身する場合も同じく、試験の合格が必須なんだ。

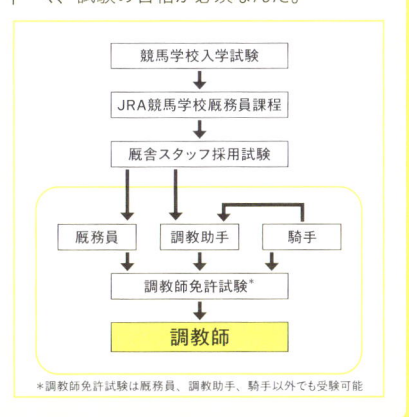

競馬学校入学試験
↓
JRA競馬学校厩務員課程
↓
厩舎スタッフ採用試験
↓
厩務員　　調教助手　　騎手
↓
調教師免許試験＊
↓
調教師

＊調教師免許試験は厩務員、調教助手、騎手以外でも受験可能

調教師に
インタビュー！

上原佑紀
Yuki Uehara

レースを " 線 " で見てほしいですね。
馬たちのドラマがそこにありますから―

平成生まれ初のJRAトレーナー上原佑紀氏。デビューから順調に勝利を重ね、将来を嘱望される新進気鋭の調教師。ダイワメジャーなどの管理で知られる名トレーナー上原博之氏を父に持ち、まさに"サラブレッド"といえる存在。緻密な計算で練り上げられた戦略と確かな自信、そしてその表情からは馬への深い愛が感じられました！

——まず、調教師の道を選ばれたきっかけを教えてください。

　調教師である父の影響もありましたが、昔から馬に限らず動物全般が好きで、何かしら馬や動物に関わる仕事がしたいと思ったのがきっかけです。

——大学では獣医の勉強をしながら、馬術部にも入っていたとお聞きしました。

　将来についても、調教師、獣医、馬術選手の三つで迷っていた時期があります。学んだことを総合的に活かせるのは調教師かなと思い、この道を選びました。ただ、せっかく獣医師免許を取ったので数年は獣医をやろうと決めていて、卒業後は2年ほど美浦トレセンで獣医として馬を診ていました。

——獣医の経験がある上原調教師だからこそできる調教がありそうです。

　馬はどうしても脚にダメージがきやすいので、僕はなるべく毎日馬体を触って、1頭ずつ適切な調教メニューを組むようにしています。例えば、下半身に疲れが見えるなら後脚に負担がかかりやすい坂路の調教を避けるとかですね。僕の調教方針は基本的に「攻め」なのですが、無理をさせて故障してしまうのが一番よくないので、獣医の経験は馬体を見極めるのに役立っています。

——毎朝そんなに細かい調整を……。では、調教メニューは全てお1人で？

　基本的には僕が決めていますが、担当の厩務員や騎手の意見を聞いて決めることもあります。うちの厩舎には20頭いるので、見落としを減らすためにも、日頃からスタッフには「気づいたことや自分の考えがあれば教えてください」と伝えています。

——厩舎のリーダー的な存在でもあるんですね。組織づくりやスタッフとのコミュニケーションではどんなことを意識されているのでしょうか。

　僕からのトップダウンにならないように気をつけています。厩舎スタッフはそれぞれ違う経験を積んできていますし、僕もいろいろな角度の意見を取り入れたいので、風通しのいい職場にしようと思っていて。出張で僕がいないことも多いため、自分で気づいて動いてくれるチームづくりを意識していますね。

——調教師の方は毎週末レースがあり各地の競馬場に行かれると聞いています。

それ以外にもセリで海外に行ったり、北海道の牧場へ行ったり、あちこち移動しています。だから出張が苦にならない人が向いていますね（笑）。美浦にいる時は、朝6時半調教開始の日だと5時に厩舎へ来て、5時半からミーティングと馬体チェック。調教後は騎手の方に様子を聞いたり、戻ってきた馬にご飯をあげたりします。その後、昼休みを挟んで午後から全頭の歩様チェックが入り、17時にみんなで解散という流れです。

——厩舎全体でタイムスケジュールが決まっているんですね。

昔はバラバラに来て自分のペースで仕事をする人も多かったのですが、「ちゃんと時間を決めて、短い時間で効率よく仕事したほうがいいよね」ということで、スタッフと一緒に考えたんです。今は仕事が終わったらパッと帰って、プライベートを充実させてくださいって感じですね（笑）。

——すごく令和の働き方という感じがします。

何事も「今までの常識にあまりとらわれたくない」とは思っていて。例えば調教でも、今は週2回の追い切りが当たり前になっているんですけど、僕は週1回や週3回に変えてもいいのかなと感じているんです。調教後にピリピリしちゃう馬もいるので、うちでは週の前半だけ調教してそのままレースへ行くこともあります。

▲ 厩舎が立ち並ぶなかで、角の位置に上原厩舎はある。

——1頭1頭に寄り添って考えられているのが伝わってきます。上原厩舎では、転厩馬（別の厩舎から移籍した馬）が活躍しているともお聞きしました。

僕の方針として「馬の個性を把握して、最適な環境やレースの選択をする」というものがあり、開業時に預かった転厩馬がレースでよく走ってくれています。

——最適なレースを選ぶということは、転厩をきっかけに芝からダート、中距離から短距離に転向させたりとかも？

はい。走り方や過去のレース、前任の調教師の先生、血統など、いろいろな要素を組み合わせて馬にあったレースを考えています。僕は昔から競馬が大好きなので結構楽しい仕事ですね。

——データの分析力がかなり必要な仕事に見えます。

最終的にモノをいうのは直感だと思います。でもデータチェックはするようにしていて、「この競馬場のこの条件だとこの血統の回収率が高くて」みたいなデータもよく見ています。競馬ファン向けの予想記事も読みますね（笑）。

——プロの方も予想記事を見るのは正直意外でした。最後に、最近競馬へ興味を持った方に向けてメッセージをお願いします。

ぜひ一つのレースを点で見るより、"線"で見てほしいですね。いわば推し活のように、1頭の馬をデビューから追いかけるのも面白いです。それは1人の調教師や1人の騎手に注目する形でもかまいません。フォーカスして長く見続けると、「応援していた馬が引退し親となり、その子どもたちがレースに出る」といった、ストーリーも見えてきて、楽しめると思います。馬たちのドラマがそこにありますから。

\ Profile /

上原佑紀（うえはら・ゆうき）

1990年1月29日生まれ、東京都出身。小学3年生の時に馬術を始め、大学では全日本学生馬術大会で優勝。大学卒業後は美浦トレセン内で獣医師として勤務。2016年に獣医師を辞め、2017年にJRA競馬学校厩務員課程に入学。2021年、JRA調教師免許試験に合格し、平成生まれでは初のJRA調教師に。技術調教師として研修を積んだ後、2023年3月に美浦トレセンで厩舎を開業した。

厩務員に
インタビュー！

渡邊 宏行
Hiroyuki Watanabe

たまに夜の
餌やり当番などで行くと、
ぽけーっとリラックスしていてかわいいんですよ──

パドックでのド派手な衣装がSNSでたびたび話題になる大和田成厩舎の渡邊宏行厩務員。メンコを勝負服とお揃いにしたり、尻尾につけるリボンを自作したりと担当馬を魅せる努力も欠かしません。また、誰よりも早く厩舎へ来て、馬のお世話をするというお話も。猛暑の日も嵐の日も、馬に寄り添い続ける厩務員さんに話を伺いました！

――近年、競馬ファンの間では渡邉さんのド派手なファッションが話題です。

　SNSはほとんど見ていなかったので、スタッフから教えてもらって知りました。「そんなに見てもらえるなら頑張ろう」と派手にしているのですが、SNS映えする服を探すのも結構難しくて。もうそろそろ限界です（笑）。

――厩務員の方がパドックで馬をひく時はスーツのイメージがありました。

　大和田厩舎の決まりは襟付きシャツとスラックスなので、「アロハは南国の正装だから」と着るようになりました。というのも、僕は冬でも服がびしょびしょになるくらい汗をかくので、夏は少しでも涼しい格好がしたくて（笑）。2019年ぐらいから勝負服と同じ色のアロハシャツを着るようになり、「なんだあの服は」と話題になり始めた気がします。

――大和田先生だからこそ、派手な衣装は許されていたんですね。

　はい。馬主さんも「目立つし、いいよ」といってくださる方が多くてほっとしています。「なんであんなやつが俺の馬をひいてるんだ」といわれたら即辞めるつもりでした（笑）。勝負服柄のメンコやリボンも大和田先生にOKをもらってつけていますね。

――華やかで素敵だと思います。たてがみの編み込みなども厩務員の方がされているとお聞きしましたか。

　あれは競馬学校で習うんです。本当はたてがみって右倒しにしたいんですけど、つむじの関係で左に行っちゃう子がいるので、癖をつけるために三つ編みやお団子にしていて。長いたてがみは手綱に絡まってしまうこともあるので、実用性も含めてやっています。でも、騎手の方は何かあった時にたてがみを掴みたいから「（編むのは）前のほうだけにしてほしい」といわれることもありますね。

――改めて厩務員のお仕事について教えてください。

　主に馬の身の回りの世話をする仕事ですが、レース当日にパドックで馬をひくのも仕事の一つです。1人につき2頭担当しているので、担当馬が出走する日は僕も競馬場に行きます。それ以外の日は、調教前に馬房清掃や馬体・体温

▲ 尻尾につけるリボンは自作。材料は100円ショップで仕入れるという。

のチェック。鞍付けやバンデージ巻きなどを行い、戻ってきたらシャワーをしてご飯をあげて、馬装具の洗濯や馬具の片付けをしていきます。午後は、先生や調教助手の立ち会いのもと歩様のチェックですね。また、空いている時間で疲労軽減のためのマッサージやレーザー照射などの物理療法も行っています。

――朝は何時頃から始まるのでしょう。

大和田厩舎は調教が始まる1時間前に集合してミーティングをするので、6時調教開始なら5時集合。その前にやることが終わっていればいいという緩い感じです。僕は朝が早いので調教開始3時間前くらいに来ているんですけど、準備が終わるならもっと遅く来ても問題ないですね。

――3時間前ですと午前3時出勤ですか！馬より朝が早いのでは？（笑）

前日の夕方以降は電気も消えているので、馬はのんびり横になっていますね。大体僕が一番乗りなので、行くとふっと顔を上げて「誰か来たな」って見てきます。別の厩舎にいた時は、早く来すぎて「馬が休む時間ねえだろ」と怒られたこともありました（笑）。今は午後もなるべく早く帰って馬を休ませるようにしていますが、たまに夜の餌やり当番などで行くと、ぽけーっとリラックスしていてかわいいんですよ。

――厩務員さんにしか見られない一面ですね。レースでケガをした時なども、簡単な手当てであれば厩務員の方が行うそうですが。

出走日は必ず救急箱を持っていき、薬を塗って絆創膏を貼る程度なら僕がやります。深い傷だったら競馬場内の診療所で診てもらいますね。レース直後はアドレナリンが出ていて痛みを表に出さない馬もいるので、厩舎に戻った後や翌日もしっかり見て、異状がないか確認しています。

――馬が本当に好きでないとできない仕事だと思います。昔からこの仕事に就こうと考えていたのでしょうか。

僕は小学生の時から『競馬四季報』（サラブレッド血統センター刊、各データを掲載する2000ページにおよぶ書籍）を読むような子どもでした。高校生の時点で厩務員を考えていたんですが、当時は体重が90kg近くあったんです。

競馬学校に入るには30kg減量しないといけなくて……。そこで、大和田先生のお父さん、稔調教師に聞いたら「働きながら体重を落としなさい」と牧場を紹介していただいて、18歳から社台ファームで働き始めました。実は大和田先生のお母さんと僕の祖母は歳の離れた姉妹で、子どもの時から交流があったんです。競馬学校には年齢制限ギリギリでようやく入れて、厩務員になれました。

——大和田先生とそんなつながりが！最後に、最近競馬へ興味を持った方に向けてメッセージをお願いします。

最近は本当にいろいろなファンの方がいらっしゃるのを感じています。「大和田厩舎推しだから」と全馬のパドックを撮影して写真集をつくってくれる方もいるんです。競馬を見に来てくれるだけでもありがたいですし、それぞれの楽しみ方で応援してくれるといいと思いますね。

Profile

渡邊宏行（わたなべ・ひろゆき）

1972年10月22日生まれ、東京都出身。美浦トレセンで厩務員として長年競馬界に従事し、馬への深い愛情と確かな技術で知られる。競馬への情熱は学生時代からで、高校卒業後社台ファームで経験を積み、2000年に競馬学校の厩務員課程に入学。現在は大和田成厩舎で日々奮闘し、「渡邊さんが管理する馬は走る」と、多くの競馬関係者やファンから信頼を得ている。

あなたのお仕事聞かせて!

✧ 競走馬の生産・育成を担う牧場で働く皆さんにお話を伺ってみた! ✧

畠山史人さん
（はたけやまふみひと）

1968年6月1日生まれ、北海道出身。畠山牧場代表。北海道新ひだか町に位置する畠山牧場の代表として、競走馬の生産・仔馬の育成に情熱を注ぐ。生産馬には重賞馬多数。畠山牧場では、2024年11月から2023年のJBCレディスクラシック（JpnⅠ）で優勝したアイコンテーラー（引退馬）を繋養中。

🐴 主な仕事内容＆日々のスケジュール

冬は朝、放牧して夕方に収牧（馬を厩舎に戻すこと）をします。合間に馬房の掃除や餌づくりを行い、収牧後には馬体の手入れやチェックを行います。オーナー（馬主）や調教師が訪れる際の対応も重要な仕事です。春から11月までは夜間放牧も行いますが、冬場は夕方に収牧します。冬は馬の食欲が落ちたり、寒さで仔馬の成長が止まったりするので、各馬を注視しコンディション管理を徹底しています。繋養（P16）している牝馬については、冬場の急激な気温の変化がストレスになり、流産してしまうこともあるので特に気をつけています。

冬の畠山牧場

🐴 仔馬への配慮と大変なこと

生後30〜90日までは免疫力がすごく弱く、特に60日前後は病気にかかりやすい時期です。生死に関わることも多いため、早期発見に最も気を遣います。また、通常は生後1時間後ぐらいで立てるのですが、数日かかっても立てない馬もいます。他にも、自力で乳を飲めない馬もいるため、1時間半ごとに起きてミルクを与えたりします。睡眠不足が続き、先の見えない日々は苦しいですが、育った馬が競馬で走る姿を見ると、苦労が報われます。

🐴 馬の性格と仔馬の馴致について

馬の性格は「きつい」「おとなしい」「臆病・神経質」の三つに大きく分けられます。馴致では、当歳（0歳）の段階から、無口（ハミのない頭絡を指す）のつけ外しや手入れを日常的に行い、人に慣れさせることが重要です。馬は頭を触られるのを嫌がりますが、繰り返し行うことで抵抗感が減ります。ただし強引に行うと嫌気がさすため、適度な加減が大切です。過去には、性格が印象的な馬がいて、噛みグセがすごく、セリに出した際にひいていたスタッフの腕を噛み、腕が真っ赤になったこともありました。

🐴 嬉しい瞬間と競馬ファンへのメッセージ

生産馬が勝ち、オーナーと喜びを分かち合う瞬間がやっぱり一番です。レースが大きければ大きいほど嬉しさも増します。
最近競馬を好きになった方には、ぜひ一口馬主を体験してほしいですね。抽選に当たり、レースで勝てば口取り式に参加できるのですが、特に大きな競馬場での口取りは、世界が変わるような感動があります。私自身、初めて東京競馬場で口取り式に参加した際、大観衆の中でオーナーが表彰される姿を見て、生産者としての仕事の価値と責任を改めて実感しました。

石川秀守さん（いしかわしゅうじ）

1965年2月1日生まれ、埼玉県出身。シュウジデイファーム代表。静内・千代田牧場で10年間勤務。その後数年間、生産・育成に従事し、2001年浦河町西舎に「シュウジデイファーム」を開場。「厳しく、優しく、慎重に」をモットーに馬を育てる。主な育成馬にモズアスコット、パンサラッサ、アルクトスなど重賞馬多数。

主な仕事内容&日々のスケジュール

まず朝のミーティング前に、各馬房にカイバを入れ、馬の体温測定や脚元チェックを行い、ウォーキングマシーンを使う馬はマシーンに入れて、1日が始まります。その後、自分たちの朝食とミーティングを済ませると、近くにあるBTC（※1）でのトレーニングに移ります。坂路やダートトラックで調教したり、馬ごとにトレーニングメニューは異なります。その後、BTCでのトレーニングを終えた馬から手入れや馬体チェック。夜飼いは19時15分に実施し、1日を終えます。

※1 軽種馬育成調教センター。北海道浦河郡浦河町にある競走馬育成施設で、JRA日高育成牧場の敷地内に位置する。広大な草原を活かした調教場や、屋内坂路馬場・屋内トラック馬場など通年利用可能な施設も備える。

調教内容とデビューの基準

デビューに向けた調教では、段階的に負荷をかけ、スピードを上げていけるかを確認します。坂路で「3ハロン（約600m）40秒」という数字を馬なり（P73）でコンスタントに出せれば、デビューの目安になりますし、併せ馬（P122）でいい動きを見せれば、活躍が期待できます。さらに、しまいの脚（ラストスパート）を使える馬はデビュー後に結果を出しやすいため、調教の段階でその動きをしっかり意識させておく必要があります。加えて、ゲート練習も重要で、入り・駐立・スタートと順を追って進めていきます。これは、育成のプロセス全てにいえることですが、段階を踏んで育成することが大切です。それらを終えて、育てた馬がようやくレースに出る時は親のような気持ちで見守ります。無事に走り切ることが一番です。なおかつ、着順が良ければさらに嬉しいですね。

調教師とのコミュニケーション

うちでは主に1歳からトレセンに入厩するまでの期間の面倒を見るのですが、入厩先で苦労をかけないように、できるだけ乗りやすい、扱いやすい馬を育てるよう心掛けています。矢作先生（P56）のところの馬であれば、ゲート練習を重視するのですが、希望にできるだけ応えられるようにしたく、調教師が僕に意見をいいやすいような関係性をつくることを意識しています。牧場に来ていただいた際には、コテージでお茶を飲みながら雑談をする時間も大事にしています。あとは笑顔が関係構築の秘訣ですね（笑）。

印象に残る馬と競馬ファンへメッセージ

馬にも個性があり、内向的な子や自己主張の強い子、まわりを怖がる子など様々です。印象に残るのはうまくいかなかった馬で、故障や心臓麻痺で失った子も忘れられません。また、ゲートが苦手で、扉を閉めたらおしっこをしてしまう子や壁にもたれてしまう子もいました。それでも、我慢強いスタッフのおかげで、克服してデビューを迎えられたことがありました。各馬そういった過程を経てきているので、たとえ馬券で負けても、温かく馬たちを見守ってもらえればと思います。

屋内トラック馬場での調教の様子

ファンの皆さんはもちろん、馬に携わっている人にも馬をかわいがってほしいですね。速い馬もいれば遅い馬もいますが、どんな馬にもいいところがあるので、それを見つけてあげてほしいです。

レースで見せない 馬のかわいい一面

　私は馬には1頭1頭違ったかわいさがあると思っています。人間と同じで性格や見た目が全く同じ子はいません。ただ、私がお世話をしているわけではないので、性格について全て知っているわけではないですが……。毎週、美浦トレセンでいろいろな子に会い、担当の方に取材するたびに馬のかわいいところを見つけています。

　一見、何の特徴もないように見える子でも、よく見ると下唇だけピンクだったり、おでこに薄い星があったり……。鼻の穴が小さい子や、耳が極端に長い子もいます。レースでは馬装をしているので、こういった隠れたポイントを見つけることが難しい場合もありますが、パドックで馬の顔をよく見てみるのも楽しいと思います♪

　父の所有馬というひいき目抜きに、今まで出会った中で特に面白い馬がリーゼントジャンボです。芦毛のゴールドシップ産駒（P16）の男の子で、見た目はお父さんによく似ています。面白いのは性格で、とにかく生き物として賢いようです。プールでトレーニングをすると、おぼれるギリギリまで泳がなかったり、ウォーキングマシーンに入ると、後ろの扉がぶつかるまで歩かず、脚を怪我してしまうほど。いかに省エネで過ごせるかを考えているようです（笑）。

あとはなんといってもニンジンが大好き。私が馬房に遊びに行くと、上から下まで匂いをかいで、ニンジンを持っているかどうかチェックされます。いざ、ニンジンを目の前にすると、表情が一気に明るくなるのも面白いです。しかし、リンゴやバナナはお気に召さないようで、器用にペッと口から出して変顔をします。リンゴは祖父のステイゴールドや父のゴールドシップも得意ではないそうで、食の好みも遺伝するのかもしれないですね。私はこういった話が大好きなので、予想と並行してこれからも取材していきたいです！

バナナを口にした後のリーゼントジャンボ

密着！
日本一の厩舎って
どんなところ？

情熱と誇りを持った人々がいるからこそ競馬が成り立つ。
次は日本が世界に誇る「矢作芳人厩舎」に密着！ チームの全貌と、
そこで働くプロフェッショナルたちの姿を追う。

TVで見たことある！
どんなことをして
いるんだろう……。

矢作厩舎は1日にして
ならず。 坂井瑠星騎手の
インタビューも必読！
日本一の秘密に迫ろう。

ここがすごいよ！ 矢作厩舎

圧倒的な実績

2005年3月に開業した際は、良血馬や高額馬がどんどん入厩する状況ではなく、馬に乗ることができるのは2人しかいない中のスタートだった。しかし、3年目の2007年に関西リーディング4位の成績を収め、2010年にはGⅠ初勝利。その後は国内外のGⅠを勝ち続け、GⅠ級通算26勝、リーディングは6度受賞（※2025年1月時点）するなど大活躍。

人が辞めない職場づくり

矢作厩舎の方針の中には、「よく稼ぎ、よく遊べ」「任せる時は全て任せる」というスローガンがあり、スタッフのモチベーションが上がるような工夫がされている（➡ドラフト制・P59）。スタッフが調教師にどんどん意見をいえる風通しの良さもあり、開業以来、定年退職以外で自分から辞めた人は1人もいない。

管理馬は名馬揃い

- スーパーホーネット
  （安田記念2着など）
- ディープブリランテ
  （東京優駿など）
- リアルスティール
  （ドバイターフなど）
- リスグラシュー
  （有馬記念など）
- ラヴズオンリーユー
  （BCF&Mターフなど）
- コントレイル
  （中央競馬クラシック3冠など）
- パンサラッサ
  （サウジカップなど）
- フォーエバーヤング
  （東京大賞典など）
- シンエンペラー
  （ジャパンカップ2着など）
  　　　　ら重賞馬多数。

※引退馬含む

矢作厩舎の「こだわり」にスコープ

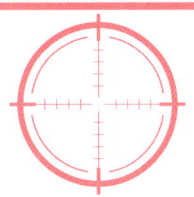

V字窓

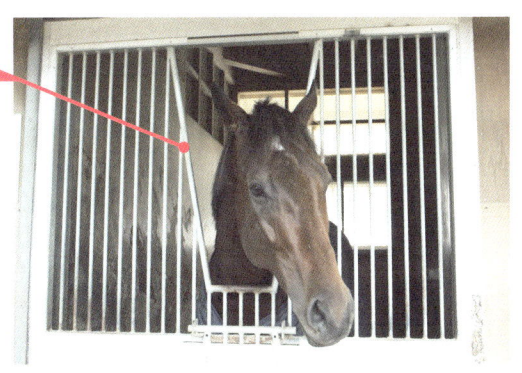

矢作厩舎では馬房の窓はV字型のものを採用している。V字にすることで、左右の動きを抑制でき熊癖（ゆうへき）を予防する効果があるんだって！ 熊癖とは、馬が馬房内で脚を踏みかえながら身体を左右にゆする癖で、続けてしまうと前脚に負担がかかり、故障につながるといわれているよ。

ホースパートナー

基本的に馬の食事を「ホースパートナー」という独自に配合した飼料に統一しているよ。馬がまだ入厩する前でも、矢作厩舎所属に決まった時点でホースパートナーを与えている。牧場時代から入厩した後まで、同じ飼料を与えて慣れさせることで、カイ食い（P73）が安定するそう！

バンデージ

矢作厩舎の馬具には、厩舎カラーである赤と白が使われているんだ。その中でも、バンデージは特徴的で、左前脚と右後脚に赤、右前脚と左後脚に白と交互に異なる色を巻く。全て同じ色のバンデージを巻くよりも、馬の歩様に異状があった時、すぐに見つけやすいんだって。

矢作調教師にインタビュー！

うちにはエースも四番もいない。
それが厩舎の強み——

矢作芳人
Yoshito Yahagi

2025年1月時点で6度のリーディングトレーナーに輝くなど、名実ともに日本を代表する調教師・矢作芳人氏。国内だけでなく、外国でもビッグレースで勝つための極意と「スタッフが辞めない矢作厩舎」を裏付ける組織経営など、矢作調教師ならではのお話をいっぱい伺うことができました！

—— 1週間の大まかなスケジュールを教えてください。

　土日は東京、中山やローカルの競馬場にいることが多く、月曜日は牧場に管理馬の視察に行ったりします。スタッフは休みだけど、僕にとって月曜が休みという感覚はあまりないですね。火曜日は縦列調教（※1）を見たり、先週末にレースを使った馬の疲れを確認して、放牧に出すかどうかを判断します。水曜日は追い切りの日で、午後はどのレースに使うかを考えます。木曜日は調教後に出馬投票（P122）の話をして、投票が終わったら作戦会議。金曜日は調教後に競馬場へ移動することが多いですね。金曜と土曜の夜は、馬主さんと食事に行くこともあります。

—— 休みは月何日くらいですか？

　予定がない日に適当に休む感じが多いです。月曜はたまにゴルフに行くのですが、そういう時に限って馬主さんから電話がかかってくることが多いです（笑）。「土日はレースで忙しいから」と気を遣ってくれているのだと思いますが、ちょうど打とうと思ったタイミングで電話が鳴ることも。ミスショットしたら電話のせいにします（笑）。正直、定年まで気が休まる時は一切ないと思います。馬は生き物なので、いつ何が起こるかわかりません。休みらしい休みはほとんどないですね。

—— 矢作先生は移動も多くされていると思います。

　自宅で寝るのは1年のうち3ヵ月ぐらい。滋賀、東京、北海道、海外とそれぞれ4分の1ずつ。特に、夏は函館を拠点としていて、日高の牧場に行くことも多いので、ワンシーズンで函館と日高を10回以上は往復します（片道約6時間）。

—— 矢作厩舎といえば、積極的な海外遠征が特徴ですが、印象的な思い出はありますか？

　一つ選ぶとすれば、フォーエバーヤングの父・リアルスティールとドバイ遠征した時ですね。普段からそういう気質なのですが、とにかく背中に鞍を置かせてくれない。ドバイのメイダン競馬場の厩舎から装鞍所は馬の脚で歩いても片道30分。それだけ遠いのですが、毎日装鞍所に行って、鞍を置く練習をしました。しかも、レースの1時間前に壁を蹴って、右後脚の蹄鉄がズレてしまいました。それでも、なんとか蹄鉄を打ち直すことができ、ドバイターフ（GI）で勝てたのはとても印象的な思い出です。

—— アクシデント続きの海外遠征だと思うのですが、遠征の経験を重ねたことで、厩舎全体として変化はありましたか？

厩舎スタッフが海外遠征に慣れて、アクシデントに動じなくなったことが大きいです。海外遠征はアクシデントの連続。馬のケガだけでなく、急遽の獣医検査や、急に「今日は本馬場（P17）を使ってはダメ」といわれたり、アウェイの洗礼がすごくあります。それに慣れてきたので、「はいはい、きましたね」などといって、アウェイの洗礼を楽しめるようになりました（笑）。アクシデントへの対応力はうちの強みだと思います。

——加えて、矢作厩舎は従来の考え方に縛られず、アメリカやサウジアラビアなど、これまであまり日本馬が挑戦してこなかった国にも遠征に行くイメージがあります。

　うちは最初から日本の番組（レース）だけを相手にしていないので、自然に遠征プランが浮かんできます。日本だけだと、選択肢が限られてしまうので。特に3歳ダート1200mのオープン競走のレースは、ダービーが終わるまで一つもないです。最近、それを見越して、（調教）助手のほうから、サウジアラビアのダート1200mのレースに出るために逆算して、国内の出走プランを提案してきたり。以前は僕1人が全て遠征プランを考えていたけれど、今はスタッフ1人1人が自主的に考えてくれます。スタッフが次から次へと意見をくれたら、これほど厩舎としての強みはないですよね。

——「任せる時は全て任せる」が方針のようですね。その方針が実ったかたちでしょうか。

　そう、だからあまり調教を見に行ったらダメなんですけどね。見ていたら口を出したくなるので（笑）。たまに少し口を出すと「先生、○○だから今日は□□だけで行きます」とピシっといわれるので、僕は「あ、はいわかりました」と答えるだけ（笑）。厩舎を一つの会社として捉えると、現場の人間に細かく口を出さないことは組織経営の基本だと思います。

▲ 厩舎にはトレードマークの帽子がたくさん。これでもほんの一部だという。

——スタッフの方々もそうやって任せてもらえると、モチベーションが高まりそうですね。

　絶対にモチベーションは変わってきますし、責任感も生まれます。モチベーションを高める話でいうと、うちで取り入れている「ドラフト制」がその最たる例。これは画期的だと思います。

——「ドラフト制」といいますと？

　普通は調教師がどの馬にどのスタッフを担当させるか決めるのですが、うちでは大体2歳の2〜3月くらいに会議があり、どの新馬を担当したいかスタッフ自らが手をあげて、抽選で決めます。矢作厩舎で管理することが決まっていたら、当歳（0歳）からその馬のデータが調教ダイアリーに全部載っているので、各々で目星をつけておき、ドラフトで希望します。プロ野球の球団がスカウトの情報をもとに選手を指名するのと一緒です（笑）。早くから担当することが決まるので、そのぶん愛着が湧きますし、何より責任感が強くなるということが一番ですね。

——それはユニークな手法ですね。一方で、ドラフト制が一般的にならないのはなぜでしょうか？

　実は、担当馬を決めるのは調教師の専権事項。というより、調教師の特権はそれだけといってもいいぐらいです。だから調教師はその権利を手放したくないのだと思います。しかし、特定の人にばかり期待の大きい馬を集めてしまったら、他のスタッフは「モチベーション上がるの？」と。上がるわけがないで

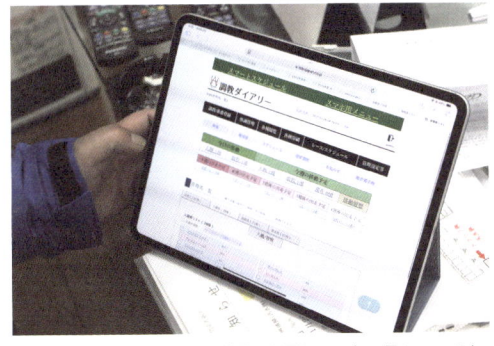

▲ 調教ダイアリーはiPadで利用。入厩していない馬についても、これを見れば担当馬の動向が把握できるシステム。

すよね。担当馬の配属も現場に任せます。もし、まだ実力が足りないなと感じるスタッフが期待の大きい馬を担当することになっても、その馬を管理する経験を通じて、伸びますから。以前から「うちにはエースも四番もいない」といっているのは、こういうことです。

——スタッフの皆さんが主体性をもって働かれている現在、目指してきた理想の組織に近づいてきていますか？

完成形に近づいてきています。ただ、組織はサグラダ・ファミリアだと思っているので、完成することはありません。いい時ほど組織を改変することを心がけていて、リーディングをとった翌年の正月から、組織の体制を変えるなどしてきました。一般企業と違って、競馬の世界は新陳代謝が起きづらいですし、ましてやうちの厩舎は人が辞めないので、常に組織を新しくしていかないといけません。

——厩舎としてのビジョン、目標はありますか？

2024年、フォーエバーヤングで挑戦したアメリカのケンタッキーダービーは「イッツアメリカ！」というような最高の雰囲気でした。一時期、燃え尽き症候群のような状態になったのですが、ケンタッキーダービーを経験したことで、定年の70歳までに凱旋門賞かケンタッキーダービーを獲りたいという新たな目標ができました。とはいえ、それよりもうちのみんなが、幸せに元気に楽しく仕事してくれるのが一番。もちろん、その中で勝ちにはこだわります。やるからには負けたくないので。でも、何を勝つとか何勝するとかよりも、常に矢作厩舎が日本競馬の中心でありたいし、中心でなければならないと思っています。さらに、世界競馬の中心になる、そういう意欲を持っていて、スタッフにもそのくらいの気持ちで仕事してくれと伝えています。うちはスペシャルだからと。

——最後に最近競馬を好きになったファンに一言お願いできますか。

競馬の入口はいっぱいあると思っていて、かわいい馬名の馬から入る、あるいは騎手から入る。例えば「坂井瑠星（P66）がダサかっこいい」とか（笑）。ただ、伝えたいのは、一度でいいから競馬場に足を運んでほしいということです。ライブを見ないと本当の良さはわからないと思います。僕も高1の頃、初めて府中（東京競馬場）に行った時、競馬場の広さと緑の美しさに感動しました。今は若い女性が本当に増えましたし、200円くらいで入れて1日楽しめるので、とにかく1回競馬場を訪れてみてください。そうすれば、競馬への入口がいっぱい見つかるはずです。

> ＼ Profile ／
>
> **矢作芳人（やはぎ・よしと）**
>
> 1961年3月20日生まれ、東京都出身。開成高校卒業後、オーストラリア、大井などで下積み時代を過ごし、競馬学校卒業後は調教助手として働く。14回目の受験で調教師試験に合格を果たし、2005年3月に栗東トレセンで厩舎を開業。国内だけでなく、国外でも数々のタイトルを獲得し、レース時に着用するハット帽がトレードマーク。海外メディアからは「帽子の男（The man in the hat）」と評される。

※1 多い時は10頭ほどで縦に隊列を組んで走らせることで、操縦性の向上や馬混み（P73）を気にしなくなるなどの効果が期待できる。また、騎乗者も馬も我慢を覚えるので、人の技術向上にもつながる。

矢作厩舎の取材こぼれ話

私が思う馬の"キュンポイント"

「こめかみ。餌を食べる時にピクピク動くところ」（矢作先生）

「いたずら好きなところ。私がよろける姿を見て楽しむために、馬房の掃除をしていると、毎回後ろからぶつかってくる馬が昔いましたね（笑）」（渋田助手）

「食べる時に動く口」（吉田助手）

「私はお世話をしているわけではないのですが、馬がリラックスしている瞬間はとてもかわいいです」（細川レーシングマネージャー）

「餌をむしゃむしゃ食べている瞬間」（岡助手）

「僕は馬に大変なことをさせてしまう職業なので、かわいいとは思わないようにしています」（坂井騎手）

パドックはどこを見ればいい？

「パドックは全体を見渡せるコーナーから見るのが通です（笑）。歩く時に後脚が前脚にどれだけ近づいているか、もし前脚が後脚を追い越す勢いであればその馬は期待できると思います。あとは案外、やる気に満ちあふれている馬よりもやる気がなさそうな馬の方が走ります」（渋田助手）

「無難に大人しく歩いている馬を探してみてはどうでしょう。あまりダラダラと歩きすぎている馬もよくないし、チャカチャカしている（落ち着きがない）馬もよくないかと。でも、その馬がいつもダラダラしていたり、チャカついているなら、特に気にしなくていいと思います」（吉田助手）

矢作先生へ一言

「相馬眼（P125）は日本で指折りの方。僕らが楽しく働けるよう環境をつくってくださるから、僕らも先生の期待以上の結果を残そうとなる。そう思わせてくれるから本当にすごいです」（渋田助手）

「ご体調に気をつけて定年まで続けていただきたいです」（細川レーシングマネージャー）

「健康で長生きしてください」（吉田助手）

「これからも良い馬の仕入れをよろしくお願いいたします。あとゴルフは負けません（笑）」（岡助手）

「矢作先生がいなければ、間違いなく今の僕はありませんでした。それと、長生きしてください（笑）」（坂井騎手）

私にとって担当馬とは

「間違いなく、嫁よりは大事（笑）。息子と同じぐらい大事な存在」（渋田助手）

「ビジネスパートナーであり、犬や猫のように、自然とずっと一緒に過ごしてきた存在」（吉田助手）

「もちろんかわいいけどそれだけじゃない、大切な仕事のパートナー」（岡助手）

あなたのお仕事聞かせて!

✨ 矢作厩舎を支える"精鋭部隊"の皆さんにお話を伺ってみた! ✨

渋田康弘厩務員
しぶた やすひろ

1962年9月21日生まれ、北海道出身。安田伊佐夫厩舎ではメイショウドトウらの調教を担当した後、矢作調教師に誘われ厩舎開業と同時に参加。現在は厩務員として活躍中。ディーププリランテの英国遠征では、スケールの大きさと街中で人馬が共存している光景に衝撃を受けたという。主な担当馬はフォーエバーヤングなど。

👤 主な仕事内容

矢作厩舎での調教助手時代は、厩舎スタッフみんなの意見を取りまとめたり、実際に調教に乗ったりしていました。現在は厩務員として馬のケアが主な仕事です。朝、厩舎に到着すると、まず馬房をチェックし、尿や糞などから馬の体調を確認します。糞が柔らかい場合は、餌に整腸剤を混ぜることもあります。「馬房が全てを語る」といわれるように、馬体だけでなく、馬房をくまなく確認します。そこでもし違和感を覚えても、「たぶん大丈夫だろう」と判断して調教に出すことは絶対にしません。それが事故につながる可能性があるからです。

調教助手時代に、当週の大本命の馬を追い切る時、歩様に違和感を感じ、調教を中止してすぐに戻ってきたことがありました。しかし、帰ってから厩務員さんが洗い場で確認したところ、「何もなかったです」とのことでした。私はそれで安心したのですが、矢作先生からは「どういうことだ?」といわれました。その時、「先生、悪いけど、100回乗っても100回とも調教を止めて帰ってきていました」と答えたんです。その後、結局昼過ぎに腰の怪我が見つかると、矢作先生は私に謝られて、「これからもちゃんと止めてくれ」と頼まれました。何か異状に気づいたら、絶対に隠さずにすぐに調教師に伝える勇気が必要です。もちろんそのためには、調教師との関係性も重要です。ちなみに、私は40年以上この仕事をしているのですが、未だに調教やレースで担当馬に大きな怪我をさせていないことを、少し誇りに思っています。米倉涼子さんのように「私、失敗しないので」(笑)。

👤 やりがいと大変なこと

調教助手時代に大変だったのは、危険と隣り合わせなことでしょうか。馬は僕らの10倍もの体重があるので、少し脚で触れられただけで怪我をしてしまう場合も。蹴られたらプロ野球選手のフルスイングを受けるぐらいの衝撃だと思います。過去、調教中腹帯がちぎれて、落馬したことがあったのですが、落ちた時に馬の膝が入って、一瞬で意識がなくなりました。

あと、厩務員として働く中では、休みがないことが大変かもしれないですね。厩舎として月曜は全休日ですが、気になるので基本的には月曜も厩舎に来て、手入れをしています。馬は人間と同じで毎日体調が変わるので、馬房や馬体に異状がないか見てあげなきゃと。

このように、もしものことがないようにずっとケアしているので、レースから帰ってきてくれるだけでほっとするのが正直な気持ちです。もちろん、勝てばなおさら嬉しいですね。一方で、一番人気で勝てなかった時は馬主さんやファンの方々、矢作先生に申し訳ない気持ちになります。

👤 最近競馬を好きになったファンへ一言

馬もそうですし、女性騎手もいるので、何か一つ推しを見つけてくれればと思います。100円、200円払えば入場できて、いいスタンドもあるし、展示もあるし、ぜひ1回は競馬場に足を運んでみてください。そこで、お茶でも飲みながら競走馬が目いっぱい真面目に走る姿を見て、競馬というものを理解してくれたら嬉しいですね。

吉田一成持乗調教助手
（よしだ かずなり）

1974年1月26日生まれ、佐賀県出身。競馬学校厩務員課程卒業後、荻野厩舎に調教助手として所属。その後、領家厩舎を経て、2014年より矢作厩舎に所属する。主な担当馬にラヴズオンリーユーやシンエンペラーなど。ゴルフが好きで、史上初の調教助手兼プロゴルファーを目指しているとかいないとか。

今の仕事を始めたきっかけ

競馬学校に入る前の中3の夏、視力が悪くて騎手を諦めました。父は調教師、兄は騎手という競馬一家だったので、親からは「獣医になれ」といわれたのですが、大学まで勉強したくなくて（笑）。じゃあ装蹄師になろうかなと装蹄の学校に願書を出したのですが、馬に乗りたかったので、調教助手を志しました。

競馬学校卒業後は荻野厩舎に所属した後、領家厩舎へ。2014年、領家厩舎が解散した頃、ちょうど矢作厩舎に空きが出たことを知っていました。矢作厩舎にいた知り合いの方に、決まっている人はいるか聞いてみたところいなかったので、矢作厩舎を希望し、行かせていただきました。

嬉しい瞬間とやりがい

もちろん勝てばとても嬉しいですが、勝てなくても、人気がなかったのに2着、3着にきたら嬉しいです。また、この仕事をやっていると、馬の成長を間近で見られるのがとてもやりがいです。入厩してきたばかりの馬は立ち上がったり、蹴ったり、大体うるさいので大変ですけれど、気性も良くなると「成長したなぁ」と。

また、馬の異状の早期発見には何よりも気を遣っています。僕の考えでは、「人間の感覚で気づいてからでは遅い」と思っています。なので、調教中は心拍数を測って異状がないかチェックしています。

吉田助手とシンエンペラー

シンエンペラーとのヨーロッパ遠征

担当馬のシンエンペラーは、ジャパンカップ2着、アイリッシュチャンピオンステークス3着と国内外で活躍してくれています。この馬は厩舎のドラフトで指名した1頭で、兄が凱旋門賞馬という血統のため「ヨーロッパ適性がありそうだから、ヨーロッパに行けるかも」と思い、1位指名しました。そして本当にヨーロッパ遠征が実現しました（笑）。遠征中は、厩舎から調教場まで照明がなく困りました。調教が始まる頃には夜が明けますが、移動中はまだ真っ暗。現地の人の後ろについていくものの、前が全く見えず（笑）。帰りは先導がいないうえに、森の中で調教を行うので位置関係がよくわからず、スマホのナビを頼りに厩舎まで戻ったこともあります。看板もないし、向こうは本当に不親切です（笑）。

シンエンペラー自体は、他馬を威嚇したり、若さゆえのやんちゃさはあるものの、特にうるさい馬ではないので、現地の空気に順応するのは早かったですね。今回は日本から帯同馬もいたので、比較的ストレスなく過ごせました。でも実は、遠征前から状態は良くなかったんです。そんな中で、挑んだアイリッシュチャンピオンステークス。凱旋門賞にも優るともいわれるハイレベルな一戦で、1着と差のない3着。シンエンペラーの中で一番褒めてあげたいレースです。

最近競馬を好きになったファンへ一言

最初は馬券を買う目的じゃなくてもいいので、とりあえず競馬場に足を運んでもらえればと思います。ご飯を食べながら見るだけでもいいので、構えずに来てもらって、そこで競馬を体感してくれるといいですね。

細川貴之レーシングマネージャー
（ほそかわたかゆき）

1976年12月20日生まれ、神奈川県出身。競馬新聞「1馬（現・優馬）」の記者として勤務しながら、矢作厩舎からレーシングマネージャーの業務を委託される。関東・関西のラーメン事情に精通しており「どこそこでこんなジャンルのラーメンを食べたい」と聞かれれば、大抵は答えられるという。ベイスターズファン歴は40年以上。

💡 主な仕事内容

外部顧問のような役割かもしれません。使いたいレースを（矢作）先生や（調教）助手さんから聞き、その馬が出走するために賞金が足りているかどうか（＊1）などを伝えたりします。担当騎手の中で誰が空いているかということも先生や助手さんに伝えます。また、レースが開催される週の水曜日に、想定表（馬の出走予定が記載してある表）が出るので、それを確認し、同じレースの相手を見て、勝ちやすいか少しでも上の着順に来られそうかを先生や助手さんに伝えます。競馬記者としても活動しているので、普段から収集している情報が相手関係の判断をするうえで役に立っているんです。

💡 今の仕事を始めたきっかけ

競馬記者として菅谷厩舎によく出入りしており、当時そこで矢作先生が持乗調教助手として働かれていたので、知り合いました。お互いサッカー好きということで、京都サンガF.C.の試合に連れていってもらったり、矢作先生のご自宅で奥様に料理をご馳走になったり、仲良くさせていただいていました。そんな中、「開業したらレーシングマネージャーをやってくれよな」といわれて、今に至ります。最初は、重要な役割ですし緊張感があるので、自分に務まるかは不安でした。

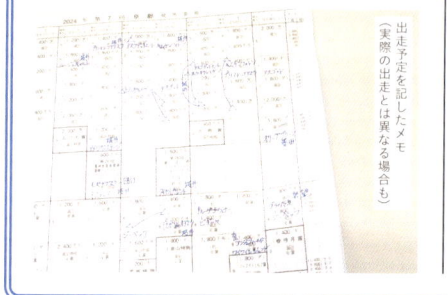

出走予定を記したメモ
（実際の出走とは異なる場合も）

💡 大変なこととやりがい

1週間のなかで木曜日の14時台は特に忙しいですね。14時45分に出馬投票が完全に締め切られるので、直前で出走するレースが変更になったりすると、一気に立て込みます。急な変更があっても代替のレース候補やどの騎手を確保できるか、をすぐに伝えられるように入念に準備しています。もちろん無事に何もなく終わる時もあります。毎週そうだといいんですが（笑）。
この職業に就いたばかりの頃は僕の能力が足らず大変でした。でも、矢作先生がレースを選択するうえでの基準や注意点を教えてくれたので、スムーズに出走するレースを提案できるようになりました。とはいえ、大変だと感じる瞬間がある一方で、自分の提案したレースに出走して結果が出た時や一度にたくさんのことを処理できた時にはとてもやりがいを感じます。また、使うレースは一つなので、他のレースに使っていたらどうだったかな？というのは、レース内容や時計を見て比較して振り返っています。

💡 最近競馬を好きになったファンへ一言

余裕があったら1頭の馬にたくさんの関係者が携わっているのを知りながら見てみるのもいいかなと。その一方で、一つのミスがたくさんの方々に迷惑をかけてしまうので、緊張感を持って仕事をしています。僕がこの職業に就く前、一競馬ファンだった時は馬券のことしか考えていませんでした。ですが、1頭がデビューするまで、そしてデビューしてからも、これだけの多くの人々が携わっていることを当時から知っておけば、より深く競馬を楽しめただろうな、と実感しています。

＊1　一つのレースに出られる頭数には限りがあるため、超過した場合は収得賞金などで出走できるか決まる。

岡勇策 専業調教助手
（おかゆうさく）

1985年3月28日生まれ、滋賀県出身。競馬学校厩務員課程を卒業後、2010年7月に、ディープインパクトやメジロマックイーンなどで知られる池江泰郎厩舎に所属。翌年池江厩舎解散後は、矢作厩舎に所属し、専業の調教助手として勤務し現在に至る。厩舎旅行でマカオや韓国を訪れた際には必ずカジノに行く。

🎤 仕事を始めたきっかけと主な仕事内容

競馬学校の騎手試験を受けましたが合格できず、厩務員課程に進んで調教助手になりました。最初は池江泰郎厩舎に所属し、当時は京都記念（GⅡ）などを勝ったトゥザグローリーがいました。池江厩舎解散後は、矢作厩舎に移籍し、「攻め専」という専業の調教助手をしています。

主な仕事は調教をつけることと、調教メニューの作成です。矢作厩舎には僕以外にも荒木助手が「攻め専」として在籍しているので、彼と相談しながら翌日の調教担当やメニューを決めています。土日は多い時で6頭ほど、平日は瑠星や奈穂もいるため（＊1）、4頭ほど調教をつけています。また、フォーエバーヤングを芝とダートどちらでデビューさせるか、矢作先生から意見を求められた際、「ダートに適性がある」と進言し、その後大活躍してくれました。とはいえ、芝を使っていたらクラシック3冠をとっていたかもしれません（笑）。

🎤 大変なこと

まずこの仕事に就いて感じたことは「1回の競馬（レース）に使うことがこれだけ難しいのか」ということ。レースを見ていると、普通に出ているように見えても、それまでにいくつもの過程がありますから。矢作厩舎では他では考えられないぐらい、馬が出走しますけどね（笑）。

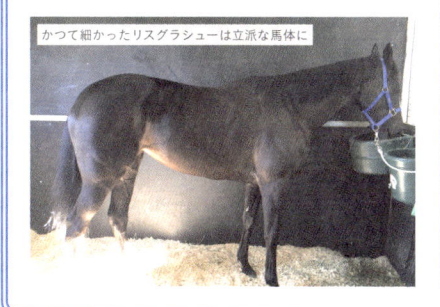

かつて細かったリスグラシューは立派な馬体に

🎤 リスグラシューとの思い出

嬉しい瞬間はやっぱり勝った時ですね。この世界では結果が全てですから。でも、それ以外に、馬が成長していく過程を感じられるのは大きなやりがいです。GⅠを勝つような馬でも、最初から完成している馬もいれば、そうでない馬もいます。能力を発揮できずにいた馬が、徐々に力を発揮し、結果につながるのを見るのは感慨深いものです。例えば、ラヴズオンリーユーは入厩初日から素晴らしかった一方で、リスグラシューは細身でカイバもなかなか食べず、3歳までは馬体が能力に追いついていない印象でした。でも、古馬（P16）になるとカイ食いが良くなり、キャリアの終盤には牝馬と思えないほど筋骨隆々で立派な馬体になりました。

そんなリスグラシューで特に印象的だったのは、2019年10月のオーストラリアGⅠコックスプレートで勝った瞬間です。1人で遠征に行き、約1ヵ月間、馬房の掃除や餌やりをして、付きっきりでした。一番人気で「絶対に勝たなければ」というプレッシャーも大きく、その分、勝利の瞬間はほっとした気持ちと嬉しさがこみ上げ、この仕事に就いて初めて泣きました。

🎤 最近競馬を好きになったファンへ一言

競馬の楽しさを一番感じてもらえるのは、やっぱり競馬場だと思います。個人的に生で観ていてかっこいいと思うのは、本馬場入場です。本馬場に入った馬がキャンター（ゆったりとした走り）に切り替わり走り始める瞬間、その時の騎手の姿がとてもかっこいいんですよね。競馬場に行かれた際には、その場面にぜひ注目してみてください。

＊1　矢作厩舎には坂井瑠星騎手と古川奈穂騎手が所属している。

若きエース

坂井瑠星騎手に インタビュー！

目標は全部勝つこと。
そして、世界中の
ビッグレースで勝てる
騎手になること─

坂井瑠星
Ryusei Sakai

《天作厩舎　　　　《天作厩舎

──騎手を志したきっかけを教えてください。

　物心がつく前から、自然と騎手になるといっていたみたいです。それ以外の道は考えたことがなかったです。サッカーや水泳を親からやらされたこともありましたが、小学生の頃から毎朝競馬新聞を読むぐらいの子どもだったので、競馬以外に興味はなく、5年生から乗馬を始めて、そこから馬一筋です。

──そして、中学卒業後に入った競馬学校は大変でしたか？

　いえ、全く。毎日楽しく過ごしました。悪さもせずに優等生だったと思います。でも、たった3年でデビューして、武豊（P125）さんのようなトップジョッキーと戦うのか、という気持ちはありました。

──そこからデビューして、勝ち星を伸ばしてこられていますが、成長したなという実感はありましたか？

　ありがたいことに、これだけ多くの馬、良い馬に乗せてもらっているので、毎年うまくなるに決まっていると思っています。また、成長するために意識し

ているのは、競馬を好きでいることですね。

——デビュー2年目に、オーストラリアで武者修業をしていますが、その時の経験は今に活きていますか？

具体的に何が活きているというよりも、「人生でこれ以上しんどいことはない」と感じた1年だったので、あの頃を思えば、もう何も辛くないですね。それこそ、競馬学校よりもはるかに辛かったです。厩舎の手伝いや語学学校などで1日が終わってしまい、競馬に乗れないのが本当にきつかったです……。

——道具などにこだわりはありますか？

特にないですね。ムチも小学生の頃に乗馬していた時から同じものを使っています。

——騎手をやっていて楽しい瞬間はいつですか？

もうそれは、勝つこと以外にありません。まわりの関係者の皆様だったり、ファンの皆様が喜んでくれますし、そこだけを目指してやっています。あとは、乗っていた馬の子どもに跨がった時、「お父さんと似ているな、お母さんと似ているな」と感じるのは騎手をやっていて楽しい場面です。

——競馬は負けることのほうが多いスポーツですから、それだけに勝った時は喜びもひとしおなんですね。

たとえ負けても、引きずらずに気持ちを切り替えるようにしています。僕が勝とうが負けようが次のレースに乗る馬からすれば、全く関係ないので。反省するのはあくまでその日の騎乗が全て終わってからです。

——気持ちの切り替えが大事なんですね。今後の目標を教えてください。

全部勝つことです。「このレースだけは特別に勝ちたい！」というこだわりはありません。将来的には、世界中のビッグレースに呼ばれて、勝てる騎手になりたいです。

——最後に、最近競馬へ興味を持った方に向けてメッセージをお願いします。

馬の走る音や馬体のかっこよさなど、テレビで観るのとは全然違うので、まずは競馬場に来てもらえればと思います。その中で、坂井瑠星を応援していただけると嬉しいです（笑）。

\ Profile /

坂井瑠星（さかい・りゅうせい）

1997年5月31日生まれ、東京都出身。矢作厩舎所属。デビュー7年目の2022年、スタニングローズでGⅠ初勝利。矢作厩舎では、フォーエバーヤングやシンエンペラーなどの主戦を務める。日本競馬界の若きエースとして国内外で活躍中。GⅠ級通算13勝（※2025年1月時点）。「競馬以外何もできないダメ人間」を自称する。食べ物の好き嫌いはなく、好きな飲み物はお茶と水。

フォーエバーヤングってどんな馬？

日本競馬が世界に誇るエース、フォーエバーヤングの活躍の裏側や性格を大紹介！

【データ】
2021年2月24日生誕／牡馬／鹿毛／父リアルスティール／母フォエヴァーダーリング／母父Congrats／馬主：藤田晋氏／調教師：矢作芳人氏（栗東）／生産牧場ノーザンファーム／通算成績9戦7勝（※2025年1月時点）／総賞金6億2326万円（※2025年1月時点）

【主な勝ち鞍】
2023年 全日本2歳優駿（JpnI）
2024年 サウジダービー（GⅢ）
2024年 UAEダービー（GⅡ）
2024年 ジャパンダートクラシック（JpnI）
2024年 東京大賞典（GI）

【経歴】
2023年、全日本2歳優駿を制し、ダート路線で頭角を現すと、翌2024年には中東遠征を行い、サウジダービーとUAEダービーで勝利を収める。その後、アメリカに転戦。「スポーツの中で最も偉大な2分間」と評されるケンタッキーダービーで、僅差の3着と健闘。帰国後はジャパンダートクラシックを制し、再度アメリカへ。今度は古馬を交えた最高峰の舞台BCクラシックに出走し3着に。その後、年末の東京大賞典では国内の古馬を相手に完勝。こうした活躍が評価され、2024年のJRA賞特別賞（P124）を受賞した。

担当厩務員の渋田さんに聞いてみた！

Q 普段はどう呼んでいる？

A やん子。

調教ゼッケン

水を飲むフォーエバーヤング

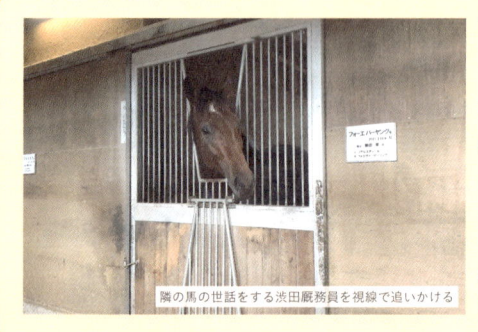
隣の馬の世話をする渋田厩務員を視線で追いかける

Q どんな性格？

A えこひいきされるのが好き。僕は厩舎で2頭を担当しているので、隣の子の相手をしている時はすごく不満そうにします（笑）。でも、海外遠征中は1対1で、僕は全て彼のいいなりだから、楽しくてしょうがないみたい（笑）。

Q フォーエバーヤングの印象的なアメリカのエピソードは？

A すぐに順応して現地を我が物顔で歩いていたことです。2024年にサウジ、ドバイ、アメリカと海外で大活躍をしてくれたのですが、ドバイからアメリカに到着した際、検疫馬房で1人っきりにさせられてしまい、僕が行った時は落ち込んでいて元気がありませんでした。しかし、僕が到着するやいなや、嬉しそうにしてくれて、すぐに調子を取り戻しました。アメリカでは、滞在していた厩舎の近くで花火大会が開催されたり、アメフトの試合が行われたりしていて、厩舎に窓がなかったために、大きな音や光が入り、その時は少し臆病になっていました。しかし、基本的には堂々とした馬です。ケンタッキーダービーの会場であるチャーチルダウンズ競馬場に到着して数日したら、「俺が一番」だといわんばかりに、我が物顔で歩いていましたよ（笑）。

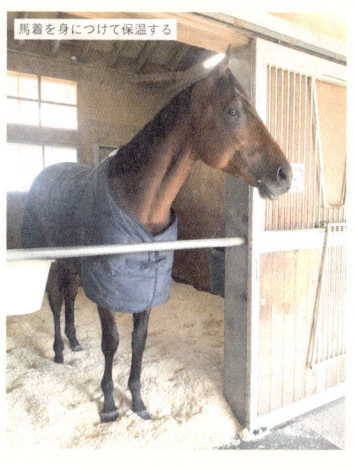
馬着を身につけて保温する

Q ケンタッキーダービー 当日の思い出は？

A ケンタッキーダービーは全米のトップホースに加えて、世界中から強豪が集まる舞台。いつもレース終わりは「余裕、余裕」といわんばかりの表情で、ケロッとしているけど、この時ばかりはさすがのやん子も疲れていたようで、レース終わりに、もたれかかってきました。本当によく頑張ってくれたんですね。

かつてリスグラシューがいた馬房にいる。まさに出世部屋

Q フォーエバーヤングを 表現するなら？

A ウサイン・ボルトです。彼に限った話ではないですが、GⅠで勝つ馬っていうのは、身体的にも精神的にも何もかもがずば抜けているんです。走ることに特化した、とんでもなく優れたアスリート、まさにウサイン・ボルトです（笑）。

鳴いて大好きなニンジンを要求する

矢作調教師との思い出

　私が初めて矢作調教師にお会いしたのは2011年11月6日。東京競馬場で行われたリーゼントブルースの新馬戦のパドックでした。その日をきっかけに競馬に興味を持ったので、以降、食事会などでお会いするたびに競馬について教えていただきました。初歩的なところから始まり、獣医学部の受験を検討していた頃は馬ゲノムに関する資料を見せていただいたり……。今の私があるのは矢作調教師のおかげといっても過言ではありません。

　1頭の馬がレースに出るまで、たくさんの人が携わっているということも矢作調教師を通じて学びました。生産牧場や育成牧場の方たち、トレセンの方、獣医師、装蹄師、馬運車の方たち……。まだまだ挙げればキリがありません。私が競馬に感じた魅力の一つにこのことがあるので、読者の皆様にもこの本を通じて知っていただけたら嬉しいです。きっと競馬の世界がより広がるはずです。

　父が所有した矢作厩舎の馬といえば、リーゼントブルースとリーゼントロックが真っ先にあがると思います。ブルースには馬のかわいさを教えてもらいました。初めて栗東トレセンで会った時の衝撃は忘れられません。サラブレッドの目は本当に美しいのです。近くで見れば見るほど、その魅力に引き込まれるでしょう。また、ロックは人生で一番嬉しい思いと悔しい思いを経験させてくれました。一番嬉しかったのは命に関わるような大怪我から復帰して勝利をあげてくれた時。悔しかったのは佐賀記念（JpnⅢ）でわずかクビ差敗れた時です。初めて競馬で悔しくて泣きました（笑）。今はそこまでの"推し馬"がいないという方も、きっと出会えるはずです。そして、いつの日か皆様とこの本を手に"推し馬"について語り合うイベントができれば最高ですね♪

高校時代の著者と矢作調教師

スッキリわかる！
馬券の買い方講座

競馬といえば「馬券」。その楽しさを何倍にもするツールである一方、少し難しく
感じることもある。でも安心！ この章ではポイントを絞ってわかりやすく解説。
最後まで読めば、あなたも競馬新聞をスラスラ読めるようになって、
馬券を買いたい馬が浮かび上がってくるはず！

何を基準に
馬券を買えばいいの？
私でもできるかな……？

難しく考えすぎる
必要はないよ。 まずは
STEP1から気軽に挑戦。
STEP2以降は
余裕があればでOK！

超キホンのレース用語

競馬予想を始めるうえで欠かせない基本的な用語たち！ もし、レーシングプログラムや競馬新聞を読んでいて「？」となったら、まず、このページを開いてみよう。

競馬予想について

【本命 (馬) (ほんめいば)】1着に来るだろうと予想される馬。

【穴馬 (あなうま)】人気薄の馬のこと。オッズが高いため、馬券に絡むと高配当が期待できる。

【父 (ちち)】種牡馬は1年で何十、何百頭の牝馬と交配するため、一般的に1頭の牝馬よりも多くの産駒を持つ。そのため、産駒の特徴を把握する上で、父である種牡馬の情報が重視されることが多い。

【母の父 (ははのちち)】競馬予想では「母の父」(ブルードメアサイアー)も重要。母より多くの子を持つため、子孫の特徴が予測しやすくなる。

結果について

【着差 (ちゃくさ)】馬の鼻先から尻までの長さを「馬身 (ばしん)」といい、一般的に1馬身は約2.4mとされている。「ハナ差」「クビ差」「アタマ差」「○馬身差」などで表される。また、1馬身差は0秒2とされている。

【同着 (どうちゃく)】複数の馬がゴール時に全く同じタイムで着順を分けられないこと。的中票数が増えるため、その分同着馬を含む配当は少なくなる。

【レコード】競走馬が記録したタイムの中で、新記録となるものを指す。記録にはいくつかの種類がある。

年齢別レコード：2歳や3歳以上など、年齢ごとの最速タイム。

コースレコード：同じ競馬場の同じ距離、同じ条件 (芝・ダート・障害) で記録された最速タイム。

中央競馬レコード：全ての競馬場の同じ距離、同じ条件の中で最も速いタイム。

また、GIなどの大きなレースでは、そのレースだけの最速タイム「レースレコード」も存在する。

馬の走りについて

【折り合う (おりあう)】鞍上と馬の呼吸が合い、リズム良く走れている状態。折り合いがつかないと、力を必要以上に消耗してしまう。

【かかる】折り合っていない状態。鞍上と馬の呼吸が合わず、指示を無視して走ってし

まうこと。スタミナを浪費してしまう原因になる。アクセルとブレーキを両踏みしている状態とも。

【イレ込む（いれこむ）】馬がレース前に興奮しすぎてしまう状態。かなりの発汗や、口に泡がたまったりすることも。集中力やスタミナに影響を与えることがある。

【よれる】直線で馬がまっすぐ走れず、急に内や外に斜行すること。進路妨害の原因になる場合もある。

【二の脚（にのあし）】スタート後の加速力のこと。一度スピードが落ちても、追われて再び加速する能力を指す場合もある。

【ハナに立つ（はなにたつ）】レース中、先頭に立つこと。

【シンガリ】レース中の位置取りが最後方になること。

【馬群（ばぐん）】レース中、複数の馬が集まって走っている状態。「馬混み」ともいい、馬群の中に入るのが苦手な馬もいる。

【追う（おう）】手綱をしごいたり、鞭を使って馬を目一杯走らせること。追わずに走らせることを「馬なり」「持ったまま」という。

【脚を使う（あしをつかう）】馬がレース中、一時的にペースアップすること。ラストスパートなどで使われることが多いが表現だが、道中で動いたときにも使われる。

【息を入れる（いきをいれる）】主に逃げ・先行の馬をレース中に一時的にペースダウンさせ、ラストスパートのための体力を温存させること。

【脚をためる（あしをためる）】馬がペースを落としてスタミナを温存して走ること。最後のスパートに備えるため。

【脚色（あしいろ）】馬の走り方や勢いのこと。余力をもって走っているときは「脚色が良い」、対してバテ気味のときは「脚色が悪い」と表現される。

【一杯になる（いっぱいになる）】馬が力を出し切って失速すること。

【末脚（すえあし）】ゴール前での伸び脚。「末脚が切れる馬」とは、鋭く加速して追い上げてくる馬のことをいう。

【決め手（きめて）】レースの勝敗を決定づける戦法のこと。決まり手ともいう。また、「決め手がある」とは追い込む脚やスパートの速さを指す場合が多い。

【上がり（あがり）】レースや調教の終盤。上がり3ハロン（最後の600mのこと）などと使う。速いほど決め手に優れていることを指す。

【跳びが大きい（とびがおおきい）】1歩1歩のストライド（歩幅）が広い馬のこと。跳びが大きい馬はのびのび走れる広いコース、逆に跳びが小さい馬はコンパクトなコースが合うことが多い。

🖊 馬の状態について

【仕上がり（しあがり）】馬の体調や調子がどれだけ整っているかを指す。レースに向けての完成度。競馬新聞でよく見かける「仕上がりひと息」とは、絶好調まではもう一歩ということ。

【カイ食い（かいぐい）】馬の食欲を指す。カイ食いがいい、悪いと使う。体調のバロメーターになり、カイバをよく食べる馬は調子がいいとされる。

ステップ別！予想の仕方&

STEP 1 レーシングプログラムを読む

STEP 2 競馬新聞を読む

STEP 3 競馬新聞をさらに深く読む

STEP 4 競馬新聞から読み取った情報をもとに予想する

予想編

STEP 1 馬券の種類と方法をチェック

STEP 2 目的や気分にあわせて買い方を選ぶ

STEP 3 マークカードに記入する

STEP 4 自動発売機で馬券を買う

購入編

馬券購入の流れ

レープロや競馬新聞、パドックで見た情報をもとに期待できる馬を探して購入するのが大まかな流れ。

まずは気軽に始めてみよう！ いきなり予想編のSTEP4まで進まなくても大丈夫。 STEP1をチェックして、かわいい名前の馬や知ってる騎手が乗る馬を選んで、購入編に移ってもOK！ レーシングプログラムを見なくても、JRA公式HPや競馬サイトで出走する馬や騎手の名前がわかるから安心。気になる馬を見つけて、楽しんでみて！

慣れてきたら次はSTEP2以降へ。 競馬新聞を読めるようになれば、あなたも立派な競馬ファンの仲間入り♪

この本では、競馬場やWINS（P103）に行った場合を想定して、マークカードを使った王道の馬券購入方法を解説するよ！ でも、マークカードを使わずに買う方法もいろいろあるから、もし難しかったらそちらもチェックしてみてね！ 例えば、即日開設できる「即PAT」（P123）のようにオンラインで投票できるシステムもあり、現地に行かなくてもすぐに馬券が買えるから便利だよ。

予想編 STEP1

レーシングプログラムを読めるようになろう！

馬の名前、騎手の名前を見て気になった馬がいれば、
帽色と馬番（P17）を頼りにパドックで探してみよう！

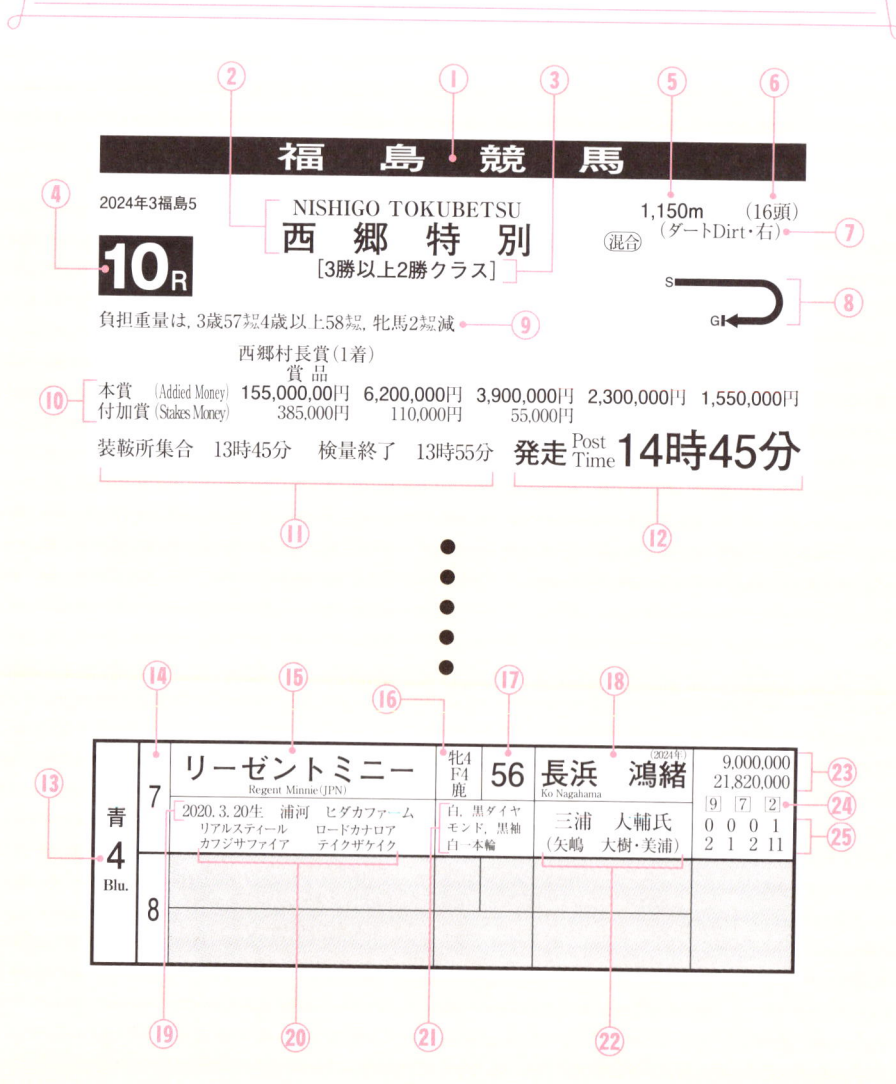

② ① ③ ⑤ ⑥

福　島　競　馬

④ 2024年3福島5

NISHIGO TOKUBETSU

西　郷　特　別

[3勝以上2勝クラス]

10R

1,150m　　（16頭）
（混合）（ダートDirt・右）⑦

S ⑧
GI

負担重量は，3歳57㌔4歳以上58㌔，牝馬2㌔減 ⑨

西郷村長賞（1着）
賞　品

⑩ 本賞（Addied Money）　155,000,00円　6,200,000円　3,900,000円　2,300,000円　1,550,000円
付加賞（Stakes Money）　385,000円　110,000円　55,000円

装鞍所集合　13時45分　　検量終了　13時55分　　発走 Post Time **14時45分**

⑪ ⑫

⑭ ⑮ ⑯ ⑰ ⑱

⑬ 青 4 Blu.	7	リーゼントミニー Regent Minnie（JPN）	牝4 F4 鹿	56	長浜　鴻緒 Ko Nagahama	(2024年) 9,000,000 21,820,000 ㉓
		2020.3.20生　浦河　ヒダカファーム リアルスティール　ロードカナロア カフジサファイア　テイクザケイケ	白，黒ダイヤ モンド，黒袖 白一本輪		三浦　人輔氏 （矢嶋　大樹・美浦）	[9] [7] [2] ㉔ 0 0 0 1 2 1 2 11 ㉕
	8					

⑲ ⑳ ㉑ ㉒

※実際のレーシングプログラムをもとに作成

競馬場やWINSにいったらもらえる「レープロ（レーシングプログラム）」。何のレースにどの馬が出るかなどを記載した出馬表がまとまった冊子で、競馬新聞を読むよりもハードルが低い。とはいえ、とても大事な情報も記してあるから、読み方を学ぼう。JRA公式HPからも閲覧可能。

【太字箇所は馬券を買う際に必要な情報だから特にチェック！】

1 開催地
2 レース名
3 クラス
4 **当日の何レース目か**
5 距離
6 出走する頭数
7 コース（芝、ダート、障害）＆左回りか右回りか
8 コースの略図（Sがスタート地点、Gがゴール地点）
9 出走資格・負担重量（斤量）
10 左から1着から5着の賞金額が記載。付加賞とは、特別競走の1着馬から3着馬に与えられる賞金で、馬主から徴収した特別登録料の総額を7：2：1で配分したもの
11 レースに出走する馬は指定された時刻までに装鞍所に集合し、馬体検査や馬体重の測定などを行う。その集合時間と、騎手が負担重量の検量（前検量）を済ませる時間。
12 レースが始まる時間
13 **帽色と枠番**
14 **馬番**
15 馬名

16 性・年齢・毛色
[アルファベット表記が示すもの]
C＝4歳以下の牡馬　　F＝4歳以下の牝馬
H＝5歳以上の牡馬　　M＝5歳以上の牝馬
G＝騸馬
17 負担重量
18 騎手名 ∵騎手が免許を取得した（デビューした）年
19 生年月日、産まれた地名と牧場名
20 左上：父、左下：母、右上：母の父、右下：母の母
21 勝負服の色や柄
22 馬主の名前。()内は調教師名と所属しているトレセン
23 上が収得賞金（P126）、下が総賞金（これまでの本賞や付加賞などの合計金額）
24 近走の着順（左から前走、前々走、3前走）。〇は芝、□はダート
25 芝・ダート・障害別の入着回数。二段の場合は上から芝、ダート。三段の場合は上から芝、ダート、障害。また、左から1着の回数、2着の回数、3着の回数、4着以下の回数を表す。

初心者はパドックでココを見よう！

　パドックは、本来レース前の馬の調子をチェックする場所。でも、**お気に入りの1頭を見つけるために眺めてみるのも楽しい。**スタイル抜群でカッコイイ馬、愛嬌たっぷりでかわいい馬、おしゃれな馬具をつけた馬など、競走馬にもいろいろな個性がある。「どの馬の馬券を買ったらいいのかわからない」なんて時は、歩いている姿を見てピンときた馬の馬券を買ってみるのも、競馬の楽しみ方の一つ。

　ちなみに、パドックの外めをキビキビと歩いている馬がいいとよくいわれるよ。馬体のハリツヤも体調のバロメーター。テンションが高くて汗をかいていたり、トボトボと歩いている馬は敬遠されがち。でも、それだけで「今日はダメかな」と判断するのは早いかも。その馬にとっては普段通りの姿ということもある。まずは気楽に、気になる馬の馬券を買ってみるところから始めてみよう！

競馬新聞には何が書いてある？

「競馬新聞って何が書いてあるのかわからない……」そんな人のために、競馬新聞を徹底解剖！コツさえわかれば、スルリと読めるようになるし、競馬新聞は馬券予想をするうえで"宝の山"だ。今回は「競馬エイト」という競馬新聞を例に、読み方を学んじゃおう！当日の情報がのっている競馬新聞は前日夕方頃から購入できる。

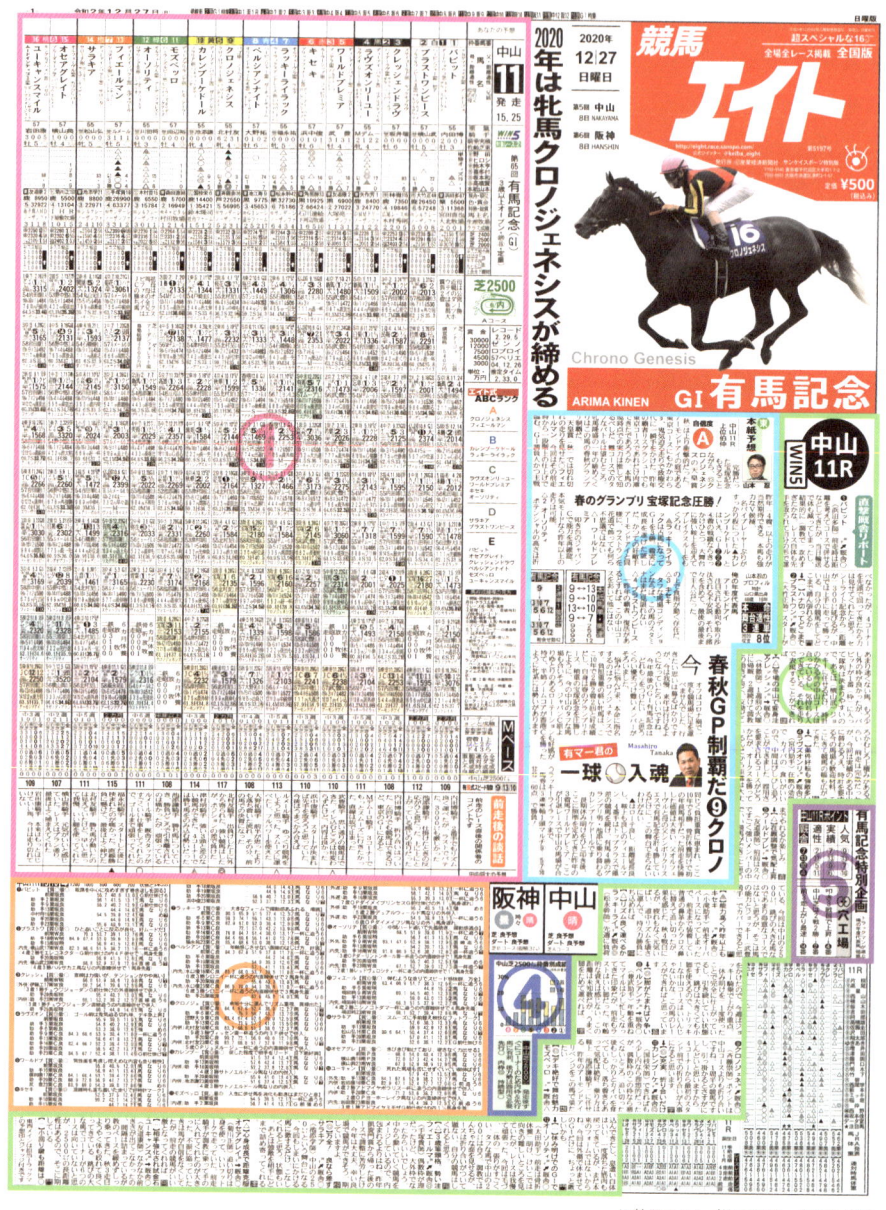

▶ 誌面解説 （レースによって掲載内容は変動アリ）

① 馬柱（うまばしら・ばちゅう）

出走馬の成績や特徴が一覧になっている、競馬新聞の基本情報。縦表記もあれば、横表記の競馬新聞もある。

② 名物記者や著名人のコラム

その人ならではの独自視点で予想が書かれている。迷ったら、思い切って"のってみる"のもアリ！

③ 直撃厩舎リポート

記者が厩舎関係者に取材した内容。馬の調子や仕上がり具合が書かれている。

④ 枠番別成績・コースの特徴など

今回と同じコースでは、どの枠が有利か、コースの特徴、どういった馬が向いているかなどが記載されている。データを参考に、有利な馬を探そう！

⑤ ポイント・穴工場

競馬エイトの名物コーナー。ここを見れば適性や人気、狙い目の穴馬（P72）などがひと目でわかる！特に、ポイント欄の複数の項目で、番号（馬番）があがっているのに人気薄の馬は狙う価値アリ！

⑥ 調教

出走馬の調教タイムや調教内容に対しての記者の採点などが書かれている。競馬に慣れてきたら、ぜひ参考にしてみて！

次のページから①馬柱の読み方を解説！

予想編 STEP2

競馬新聞を読めるようになろう！

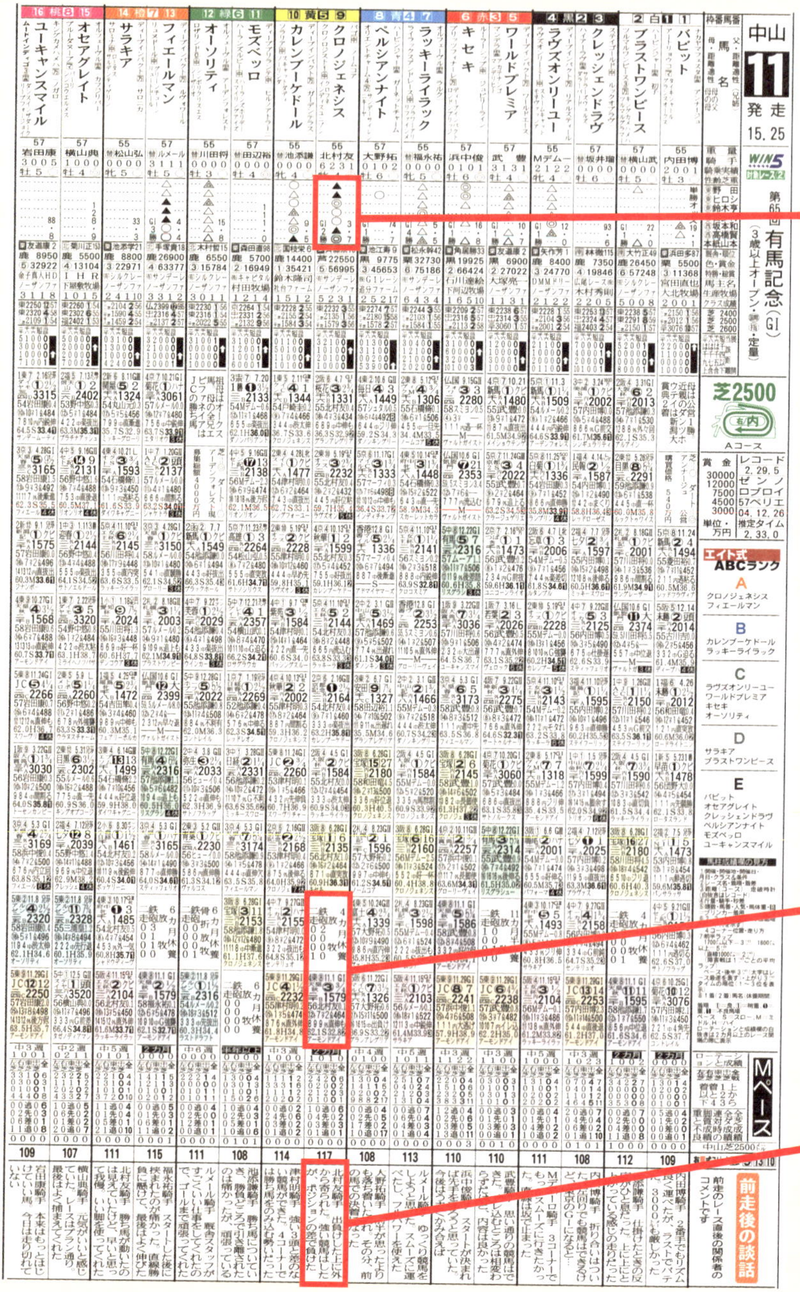

競馬新聞を買ったら、まずは馬柱の「記者の予想」「オッズ（人気）」「直近の着順」「前走後の談話」の4つをチェックしてみよう。これらを見ていくと、その馬がどんな特徴を持っているのかが少しずつわかってくる。競馬らしい予想を楽しむ第一歩だ！優先度A→B→Cの順で見ていこう。

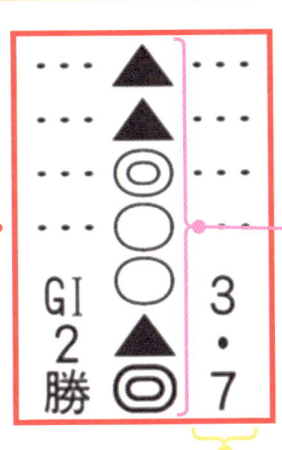

優先度 A ─ 記者たちの予想

記者たちの予想は、オススメの注目馬がわかる便利な情報。競馬のプロが考えたものなので、どの馬が狙い目かを見つけやすい。**まずは印が多く打たれてある馬を確認するのがオススメ**。期待度の高い順に●◎○▲△。

〈予想印の意味（競馬エイトの場合）〉

● : マルドン。◎よりさらに記者が自信を持っている馬。

◎ : 本命。最も勝つ可能性が高いと予想される馬。

○ : 対抗。2番手評価。本命に対抗できると予想される馬。

▲ : 穴馬。3番手評価。展開などが向けば◎や○に勝てる能力があると予想される馬。

⦿ : 4番手評価。▲と△の間。△の中で最も有力である連下。

△ : 連下（れんした）。複穴（ふくあな）ともいう。レースに勝つのは難しいが、2着以内にくる可能性があると予想される馬。

※新聞によっては狙い目の穴馬を「☆」で表記する場合もある。

優先度 C ─ オッズ

どの馬が人気なのかを知りたい時は**単勝オッズの数字に注目**！ 単勝の馬券を買って当たった場合、何倍で返ってくるかを示している。つまり、オッズが低いほど多くの人がその馬を選んでいる証拠。「まずは当てたい！」と思うなら、**オッズの数字が低い馬を選ぶのがおすすめ**。逆に「夢やロマンのある馬券を買いたい！」なら、オッズが高い馬を狙ってみるのも面白い。注意点として、オッズは馬券が買える直前まで変動する。馬の調子や天候次第で大きく変わることもあるので、当日も必ずオッズを確認してね！

優先度 B ─ 直近の着順

過去のレース結果は、馬の実力や調子を知る手がかりになる。競馬エイトでは、直近のレース結果と内容がのっているので、**「どのレースでどんな成績を残したか」が詳しくわかる**。でも、最初は全部を読み解く必要はなし！「**着順」をチェックするだけでも十分だ**。例えば、最近のレースで3着以内に入っている馬なら、今回も好成績を期待できるかも（一番下が直近のレース内容）。休み明けの際は休養期間などが記載される。ちなみに、着順の数字を囲む記号で、当時の馬場も把握できる。このケースだと「良馬場で3着」。

着順記号： ○→良、□→稍重、● →重、■ →不良

四4
カ鉄放
月砲0
休走2
養000
0
1

4東⑧11.1 GI
天皇 ③ ¾
秋
手 B 1579
56北村友0.1
⑫ァ7ヲ2気464
899外直伸も
62.1 S 32.8②
アーモンドアイ

北村友騎手　出負けした上に外から寄られた。強い競馬はしたが、ポジションの差で負けた

優先度 B ─ 前走後の談話

競馬エイトには、騎手など関係者による前回のレース直後のコメントが載っている。これも、馬の能力を知る大事なポイントだ。初心者は、**能力を感じるコメントを探してみるのがおすすめ**。たとえ負けていても、「ポジションの差で負けた（ポジションが良ければ勝てた）」「不利がなければ」などと書いてある馬は、今回は巻き返せる可能性がある。

競馬新聞をさらに読めるようになろう！

第65回 有馬記念（GI）
3歳以上オープン（定量）

中山 11 発走 15.25

芝2500
Aコース

エイト式 ABCランク
A クロノジェネシス フィエールマン
B カレンブーケドール ラッキーライラック
C ラヴズオンリーユー ワールドプレミア キセキ オーソリティ
D サラキア ブラストワンピース
E バビット オーセグレイト クレッシェンドラヴ ベルシアンナイト モズベッロ ユーキンスマイル

Mペース

前走後の談話

少しずつ競馬新聞を読むことに慣れてきたら、さらに深く読んでみよう。各馬の適性とレース展開が読めれば一攫千金も夢じゃない!? ここでは、特に注目したい要素をピックアップ! 紹介する要素以外にも、人気・実績・適性・厩舎ごとに推奨馬を記載した「ポイント」、これぞ! という穴馬を教える「穴工場」など、一目でわかるおトクな情報が満載だからぜひチェックしてみよう。

得意戦術がわかる「脚質」

脚質とは、馬が得意とする戦術のこと。レースのペースによって有利な脚質が異なるから、ペースとあわせて確認してみよう。競馬エイトでは矢印の位置で脚質が表され、矢印が一番上の場合は「逃げ」、二番目は「先行」、三番目は「差し」、四番目は「追い込み」の傾向が強い。今回の脚質は「先行」を表す。脚質とペースの関係については次のページで解説!

得意距離を掴む「距離適性」

人間と同じく、馬にもそれぞれ得意な距離がある! 距離ごとの成績が記載されているから、得意距離を確認しよう。**特に注目したいのは「当該」の欄**。過去に同じ距離を走った結果がのっているため、上位回数が多いほど今回の適性があると判断できる。迷ったら距離で絞り込んでみるのもオススメ。「短」は1400m以下の成績を指し、上から1着、2着、3着、4着以下の回数を表す。今回だと、同じ距離は走ったことがないものの、1900m以上の時は「1着3回、2着1回、3着2回、4着以下1回」となり、ほぼ馬券圏内（3着以内）に来ている。

近走のレース内容（4コーナー位置・走り方）

その馬のレース内容を簡潔に説明したもの。言葉に少々クセがあるけれど、読み方は次のページで解説するよ!

レースの展開を表す「ペース」

ペースは、レースの展開を読み解くための重要なポイント。S（スローペース）、M（ミドルペース）、H（ハイペース）の3種類で示されていて、新聞のペース予想をもとにすれば、今回有利になりそうな馬を見つけることができる。競馬新聞ではアルファベットで示される場合が多いから覚えておこう。例えば、「S」と書かれているレースは、前半のペースが遅めの展開になる可能性が高い。「M」はレース前半と後半のペースが同じくらい、「H」は前半のペースが速くなる可能性の高いレースだ。

舞台との相性を知る「コース別適性」

馬と舞台の相性を知りたい時は、「コース別成績」を見比べよう。競馬場には左回り・右回りをはじめ様々な特徴がある。ちなみに、「全」は全レース、「中山芝」は中山競馬場・芝、「東芝」は東京競馬場・芝、「右芝」は右回り・芝、「左芝」は左回り・芝における成績。それぞれ上から1着、2着、3着、4着以下を取った回数が記載。

得意な走路状況を知る「馬場適性」

ペースや距離だけでなく、当日の馬場状態もレースに大きな影響を与える。**当日の天気が悪ければ、重・不良馬場に強い馬を見つけ出そう。**ここで記載されているのは重馬場もしくは不良馬場だった時の成績。数字の見方は他と同様で、今回だと「1着1回」。重い馬場に適性のある馬かもしれない。

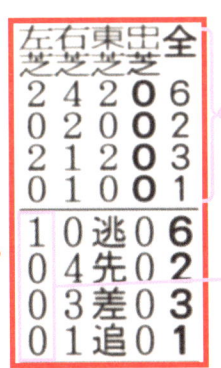

競馬新聞から読み取った情報をもとに考えてみよう!

予想編 STEP4

ペースと脚質の関係

ペースと脚質の関係性がわかれば、レースで強い馬をグッと見つけやすくなる。基本的に**「ハイペースは差し・追い込み有利」「スローペースは逃げ・先行有利」**といわれているから覚えておこう。例えば、予想ペースがH（ハイペース）の場合は、最初から飛ばしている先頭集団が終盤にスタミナ切れを起こす可能性が高い。つまり、差し・追い込み馬が狙い目ということだ。

〈脚質の種類〉
- 逃げ：スタートからゴールまで、常にトップを走り抜ける作戦
- 先行：逃げ馬の後ろについて走り、前方から追い上げる作戦
- 差し：前半は馬群（P73）の真ん中〜後方でスタミナを温存し、　　　 終盤で一気に前へ出ていく作戦
- 追い込み：前半は最後方で走り、終盤に一気に加速して　　　　　　 ごぼう抜きを狙う作戦

適性（距離、コース、馬場）

これまで触れてきたように適性はいろいろあるけれど、それらを組み合わせて見ていくと、今回のレースに向いている馬・向いていない馬をピックアップできる。前ページで解説したように、同じ距離、同じコース、同じ馬場での成績を見て、**好成績を収めている馬がいれば、それが勝ち馬の有力候補!** 該当馬がいない場合は、近い条件で好成績を収めている馬を探してみよう。当日の天気と馬場状況を考慮するのも忘れずに。

〈距離の種類〉
- 短距離：1600m未満
- マイル：1600m前後
- 中距離：2000m前後
- 長距離：2400m前後

〈コース〉
- 左回りの競馬場：東京競馬場、中京競馬場、新潟競馬場
- 右回りの競馬場：中山競馬場、京都競馬場、阪神競馬場、　　　　　　　　　　 札幌競馬場、函館競馬場、福島競馬場、　　　　　　　　　　 小倉競馬場

前のページで読み取った情報から予想につなげるためのヒントを紹介！ 判断基準が多くて困ったら、予想されるペースをチェックして、どの脚質の馬が今回は有利なのかをまず考えよう。その段階である程度取捨選択し、そこから適性や近走のレース内容などを見ていくと、期待できる馬を絞りやすいかも！

〈馬場の種類〉 芝の場合
- 良：地面が乾いており、堅い状態
- 稍重：湿り気があり、踏むと表面が少し沈む状態
- 重：踏むと水が染み出る状態
- 不良：地面に水が浮いている状態
  ダートは雨が少し降った方が地面が堅くなりスピードが出やすい

近走のレース内容（4コーナー位置・走り方）

　レース内容を記した短評。たった3文字だけど、次走へのヒントが詰まっているよ。数多くの短評から、巻き返しが期待できるものをピックアップ。たとえ前走の着順が後ろのほうでも、今回は狙えるかも!?

〈不利に関するもの〉
- 「○不利」「不利有」「寄られ」「接触有」
→道中で何かしらの不利があった。○には道中の位置が入る。数字はコーナー、S＝スタート、G＝ゴール、向＝向こう正面、直＝直線。

〈スタートに関するもの〉
- 「Sヨレ」「アオる」「出脚鈍」「出負け」「出遅れ」「大出遅」「躓ずく」
→スタートで他馬に遅れを取った。

〈道中のロスに関するもの〉
- 「脚余す」「前塞る」「仕掛遅」「追辛く」「内窮屈」「外々回」「モタれる」
→進路が無く、全力を出し切れなかったり、外を回らされるなどのロスが響いた。

〈馬体に関するもの〉
- 「トモ落」「心細動」「鼻出血」「落鉄」
→馬体に何かしらの症状があり、力を発揮できなかった。不可解な大敗はのちに心房細動（P125）や鼻出血（P124）を発症していたことが判明する場合が多く、参考外でいい。落鉄は人間でいうと裸足で走っているようなもの。

〈その馬自身の走りに関するもの〉
- 「リキむ」「折合ず」「絡まれ」「流不向」
→折り合いを欠いてしまったり、他馬との先行争いが激化して想定外のペースになってしまったり。この馬自身はしっかり走っていても、展開が向かずに着順が悪かった場合も。

馬券の種類と

馬券の種類と方法をチェック

【馬券の種類（式別）】

☑ **単勝**… 1着になる馬を当てる馬券

☑ **単・複（応援馬券）**… 1頭の馬の「単勝」と「複勝」を同時に購入する馬券。馬番号および馬名の上部に「がんばれ！」という文字が印字される。

☑ **馬単**… 1着と2着になる馬の馬番号を着順通りに当てる馬券。

☑ **ワイド**… 3着までに入る2頭の組み合わせを馬番号で当てる馬券。1着・2着・3着の着順は関係なく、組み合わせとして当たっていればOK。3着が同着（P72）の場合、3着・3着の組み合わせは不的中となる。

☑ **複勝**… 3着までに入る馬を当てる馬券（7頭以下は2着まで）

☑ **枠連**… 1着と2着になる馬の枠番号の組み合わせを当てる馬券。1着・2着の着順は関係なく、組み合わせが当たっていればOK。

☑ **馬連**… 1着と2着になる馬の馬番号の組み合わせを当てる馬券。馬単と異なり、組み合わせが当たっていればOK。

購入編 STEP2 目的や気分にあわせて買い方を選ぼう その1

※あくまで買い方は一例

Ａ 推したい馬がいる！➡応援馬券がオススメ➡①

Ｂ 信頼できる本命がいる！➡単勝がオススメ

Ｃ とりあえず当てたい！➡複勝がオススメ

➡ ワイドがオススメ

P88に他の買い方の説明が続いているよ。

買い方の手順を学ぼう！

- ☑ **3連複**… 1着、2着、3着となる馬の組み合わせを馬番号で当てる馬券。1着・2着・3着の着順は関係なく、3連複は組み合わせとして当たっていればOK。

- ☑ **3連単**… 1着、2着、3着となる馬の馬番号を着順通りに当てる馬券。

- ☑ **WIN5（インターネット投票・UMACA投票限定）**… JRAが指定する5レース全ての1着馬を当てる馬券。最も難易度が高いため、時折"億超え"の配当の場合も。

【主な方法】

- ☑ **フォーメーション**… 馬の順位を指定して複数の組み合わせを買う馬券の方法。自信のある部分を絞りつつ、幅広く的中を狙える買い方。枠連、馬連、馬単、ワイド、3連複、3連単で使える。

- ☑ **ボックス**… 選んだ馬の全通りの組み合わせを購入する馬券の方法。順位は問わず、選んだ馬が全て対象に入れば的中。手堅いが、点数が増えやすい。枠連、馬連、馬単、ワイド、3連複、3連単で使える。

- ☑ **流し**… 軸にする馬を1頭、または2頭（3連複、3連単の場合のみ）選び、その軸馬と相手に選んだ馬たちとの組み合わせを購入する馬券の方法。馬単と3連単にはマルチといって、軸馬と相手の順番を入れ替えた買い目も購入できる方法がある。もちろん、そのぶん点数が増える。

購入編 STEP3 　マークカードに記入しよう 　**その1**

※マークはなるべくきれいに。シャープペンシルでもペンでも読み取り可能。

東京競馬場11レース（当日）で5番の馬の応援馬券を1000円分買う場合…

通常、日曜日のレースの馬券を前日に買う際にマークする。対象レースは重賞とJRAが指定したレースのみ。

レースを開催している競馬場はどこか、第何レースか、どの式別かを記入。

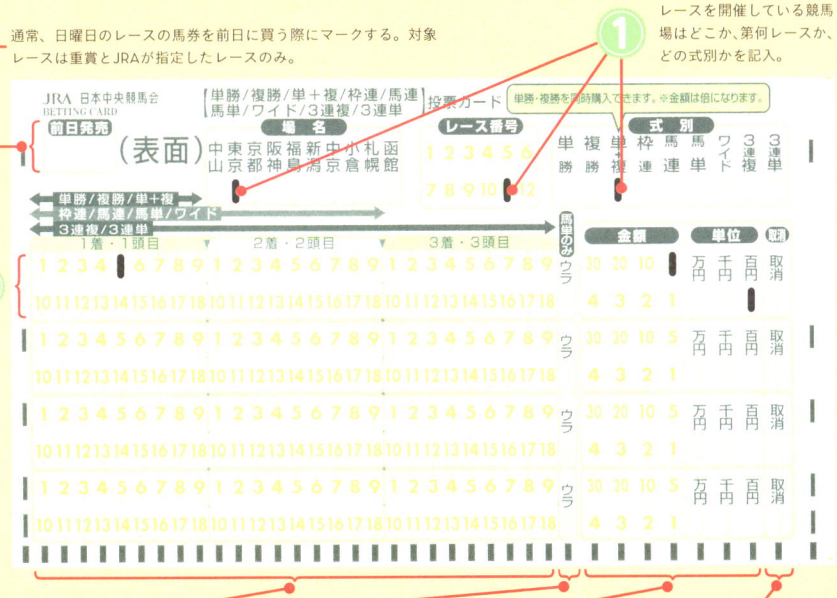

買いたい馬の番号にマーク。※枠連を買う場合は枠の番号を記入

馬単の場合のみ使用可能。ここにマークすれば、「1着5番・2着10番」だけでなく、逆の「1着10番・2着5番」の馬券も一緒に買える。※合計金額は記入した金額の倍になるため注意

1点あたりの金額を記入。もし1700円分買いたい場合、金額欄は「10」と「5」と「2」をマークし、単位欄は「百円」をマークしよう。応援馬券は単勝と複勝を同時に買うため、予算金額の半分を記入するように！

マークミスした時、新しいマークカードがなくても取消をマークすれば、すぐ下の欄に書き直せる。

※あくまで買い方は一例

D 買いたい馬を絞れない！ ➡ 3連複ボックス ➡ ②

E 高い配当が期待できる夢のある馬券を買いたい！
➡ 3連単フォーメーション ➡ ③

迷ったらまずは単勝か複勝がオススメ！

東京競馬場11レース（当日）の馬券を1000円分買う場合… ②

「馬券内に来そうなのは1番、2番、6番、7番、13番」と予想。

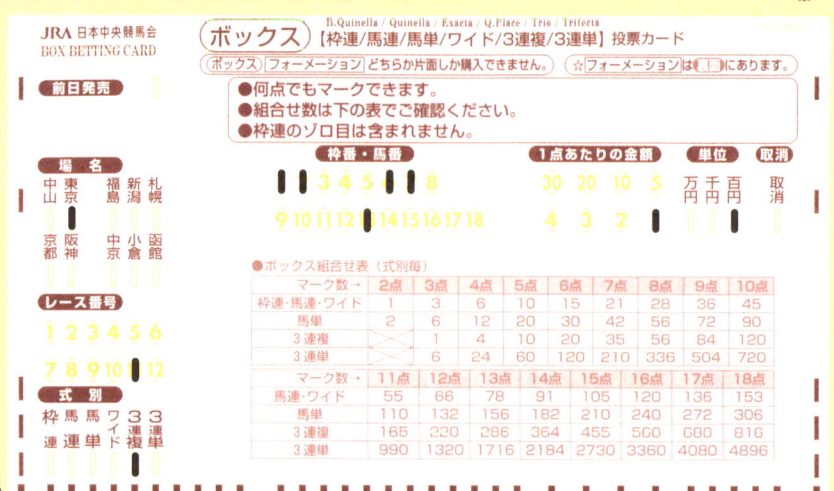

「本命は2番と4番。3着には6番もくるかも」と予想。

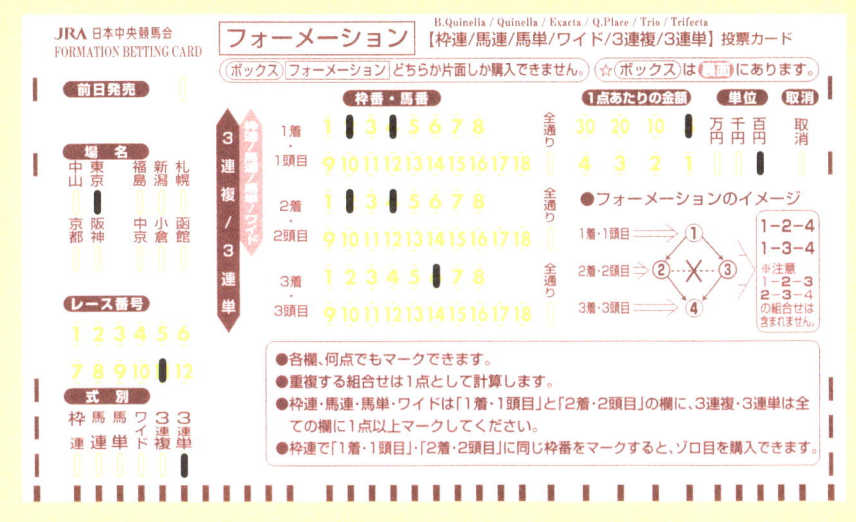

青いマークカードやライトカードなど、他にもマークカードはあるから、慣れてきたらいろいろと試してみるのも一つの手。また、マークシートいらずで買えちゃうスマッピー投票（P121）や現金いらずで買えちゃうUMACA（P123）を使えば、よりラクに買えるからオススメ！

購入編 STEP4　自動発売機で馬券を買おう

① **お金を持って自動発売機に行こう。**

② **機械の中央付近にある「紙幣入口」もしくは右下の「硬貨入口」にお金を先に入れよう。**

③ **硬貨入口、出口のすぐ上にある「投票カード入口」にマークカードを入れよう。**

④ **画面右上の精算ボタンを押すと、馬券が出てくるよ！**
おつりがない場合はすぐに馬券が出てくる。確認画面を見て問題ないかチェックしたい場合は、少し多めにお金を入れておくといいよ。

※思っていた買い方や金額と異なれば、カード返却ボタンを押して書き直そう

⑤ **馬券が見事的中したら、自動発売機の右上にある「的中券入口」に馬券を入れて画面右上の精算ボタンを押すと、お金が返ってくる！**

育成牧場の場長にインタビュー！

木實谷雄太
Yuta Kimiya

多くの馬たちとの経験が
今の天栄をつくっています―

福島県の天栄村にある名門育成牧場「ノーザンファーム天栄」の場長・木實谷雄太氏は、馬の状態にあわせたレース選択・調整で競走馬の活動を支える陰の立役者。ここで調教された馬が次々と活躍することからファンの間で「天栄仕上げの馬は買っておけ」といわれるほど。その斬新なアイデアはどこから来るのか。強さの秘密に迫ります！

——はじめに、ノーザンファーム天栄（以下、天栄）という施設について教えていただけますか。

　主に、北海道にある牧場とJRAが運営するトレセンの中継地点として、移動してきた馬のケアや調教を行う施設になります。牧場から馬が帰ってきたり、トレセンへ輸送したりとぐるぐる移動している中で（※1）、ノーザンファーム（P16。以下、NF）で生産・育成された競走馬360頭くらいが入れ替わりで常駐しています。年間だとのべ700頭近い馬が滞在していると思います。

——競馬ファンのあいだでも天栄を経て来た馬は強いと評判です。

　ありがとうございます。ただ、これはNF全体で積み重ねてきたノウハウによるものです。NF出身の馬はとにかく多いので、GⅠを勝つ馬もいれば、残念ながらデビューできない馬たちもいます。そういった多くの馬たちから得られるたくさんの経験のおかげだと思っていますね。

——牧場全体でノウハウを共有しているということでしょうか。

　はい。NFは生産から育成、調教までを一貫して管理しているので、生産牧場や育成牧場とも連携を取って、フィードバックや情報共有を行うようにしています。

——すると、木實谷場長のお仕事はそういったチームの管理がメインですか。

　規模が大きくなり、私が1頭ずつ馬を触ったり、乗ったりするのは現実的に難しいので、今は調教の方向性を提示したり、スタッフ

▲ 残暑厳しい9月、各馬房に扇風機だけでなく遮熱シートが。

のサポートがメインですね。仕事で天栄を離れる日も多いため、私がいなくても回る体制になっています。

——木實谷場長は天栄の場長を務めてらっしゃいますが、最初は苦労されたことも多かったのでは？

　調教でも1頭1頭正解が違うので、引き出しを増やすのに時間がかかりましたね。ただ、「馬のために何ができるかを常に考えて接する」という方針は変わっていません。また、関わる人々のモチベーションの保ち方は常に考えてい

ます。競馬は「負け」が圧倒的に多い競技なのですが、やっぱり負けると、スタッフはもちろん、馬主さんや馬券を買ってくれた人、みんながガッカリするので、次に向けてどう切り替えていくのかが大切だと思っています。「どうしたら応援してくださるみなさんが、次に期待感を持ってくれるのか」ということをよく考えてレース選択をしています。

——たしかに、これだけ勝つのが珍しい競技ってほかにないですよね。

「強い」といっていただけるNF出身の馬でも勝率は約12％、大体10回に1回しか勝てないんです。だからその分、勝ってみなさんが喜んでいる姿を見ると本当に嬉しくて。GIでも未勝利戦でも関係なく、スタッフと喜びを共有できる瞬間が一番ですね。

——競馬ファンからは、天栄の登場によって重賞（P15）に直行する馬が増えた（※2）と感じる声もありますが、木實谷場長の戦略でしょうか。

▲ 坂路は脚に負担がかかりにくいポリトラック。電線被覆材などを再利用。

直行にこだわることはなく、目標のレースに最もいい状態で出走させてあげるために、どういう道順がいいのかを調教師さんに提案して、一緒に決める感じです。レース間隔はあくまで準備期間で、どのくらい準備が必要なのかを考えて戦略を立てています。

——その時々の馬の状態にあったレースを選択しているということですね。海外遠征を行う馬も増えていますが、意識していることはありますか。

事前のリサーチですね。例えば、現地の調教施設がどういったものかなど、遠征候補の馬たちが能力を発揮できる環境なのかを最優先に考えています。ヨーロッパなどは天候による馬場状態の変化が大きい地域なので、実際に行ってみないとわからない部分も多いんですけどね。

——競馬新聞などでは、「天栄の超回復」と書かれている記事を度々見かけます。レース後の馬を回復させる秘訣などがあるのでしょうか。

当然休めば疲労は回復しますが、休んだ分だけ筋力が落ちたり心肺機能が落

ちたりするので、全体のバランスを考えることが大事です。休ませつつ、競馬で養われてきた筋力や心肺機能をどう維持していくのかを重視しています。

──だから休養明けの馬も結果が出るのですね。最後に、最近競馬へ興味を持った方に向けてメッセージをお願いします。

　馬券ももちろん大事ですが、競馬を「スポーツ」としても捉えてみてほしいですね。例えば、日本ダービーに8万人以上が来場する年もあります。8万人が集まるスポーツってほかにあまりないですよね。1レースごとというよりは、スポーツ的な目線で長く見てみてほしいと思っています。また、気が向いたら競馬場に足を運んでみたり、乗馬センターで馬に跨がってみたり、馬そのものにも触れてほしいです。

\\ Profile /

木實谷雄太（きみや・ゆうた）

1980年8月5日生まれ、東京都出身。大学卒業後の2003年からノーザンファーム空港牧場や山元トレーニングセンターを経て、2011年ノーザンファーム天栄に移り、現在に至る。2015年にノーザンファーム天栄の場長を務めてからは、ノーザンファーム天栄を「最強の外厩施設」と呼ばれるほどまでに成長させた。アーモンドアイ、イクイノックスなど数々の名馬を育ててきたその手腕に定評がある。

※1　中央競馬の場合、出走馬はレースの10日前（初出走時は15日前）までにトレセンへ入ることが決められているため。NFで生産された馬は、それ以外の期間の休養・トレーニングを天栄などの育成牧場や休養牧場で行うケースが多い。

※2　従来は目標とする大レースの前にアップ用のレース（前哨戦）を挟むケースが多かったが、近年は休養明けでいきなり大レースに挑む馬も見られる。

▲ 名馬が通ってきた900m坂路を上から撮影。まさに「出世街道」。

私が単勝と複勝を買う理由

「馬券は買わなくてもいいから、競馬を好きになってほしい」。こう口にする方ももちろんいらっしゃいますが、私個人の思いとしては、20歳以上の方はぜひ馬券を購入してみてほしいです。たくさん賭けたほうがいいとはいいません。100円でもいいので馬券を買ってからレースを見ると、より一層力が入ると思います。また、結果がどうであれ、その1頭への思い入れが深まることでしょう。

馬券の売り上げの一部からレースの賞金や手当、競馬開催の諸経費などが賄われるので、競馬を支えていることにもなります。よく競馬場の柱を見て、「これは俺が建てた」とジョークをいう競馬好きのおじさんがいますが、あながち間違いではないのです。そういった面でも、趣味の範囲で馬券を買って楽しんでほしいと切に思います。

私は基本的に単勝と複勝を買います。そのレースで勝負する馬の数を絞ることになるので、レース中も目で追いかけやすく、買った馬の走りに集中できます。私は仕事上、1頭だけチェックすればいいというわけではないのですが、まだ何頭も追うのに慣れない方にはオススメの券種です。単勝と複勝を同額購入できる単複は馬券に「がんばれ！」という文字が印字されるので（P6）、保存用に買う人が多いそうです。もちろん私もよく買います。その馬が勝った場合は、騎手にサインをもらうことができれば最高の記念になりますね。2023年の11月に父が所有しているリーゼントミニーが11番人気で勝った時は、200円が4900円になったので、さすがに換金しましたが（笑）。もちろん、インフォメーションでコピーをしてもらいましたよ。競馬の楽しみ方が一つではないように、馬券の買い方も人それぞれ。自分にあった買い方が必ずあるので、見つけてみてくださいね。

著者撮影のリーゼントミニー

今週末行ってみよう!
10倍楽しめる
競馬場ガイド

生で観るレースの迫力や美しい馬たちの姿に圧倒されること間違いなし。
競馬場のチケットの取り方や注意点、グルメ情報まで徹底解説。
これを読めば初めてでも安心!

いろんな競馬場の
楽しみ方を知って、
次の週末は競馬場
デビューしてみよう!

ずっと行って
みたかったんだよね!
実際どんな感じ
なんだろう。

楽しみがいっぱい！
競馬場ってこんなところ
Racetrack Guide 01

サラブレッドが駆け抜け、大歓声に包まれる競馬場。かつての"ギャンブル場"のイメージを一新し、今では馬の「テーマパーク」として進化を遂げている。そんな競馬場の魅力や秘密を一緒に探ってみよう！

推しポイント その①

きれいで広い！ 女性でも初心者でも安心して楽しめる

#競馬場きれいすぎ #初めての競馬場

指定席　▲ 開放感のある指定席からゆっくり観戦できる。雨の日でも安心な屋内指定席や4人で楽しめるボックス席も。　※写真は東京競馬場フジビュースタンド5F・A指定席

トイレ　▲ 競馬場にはトイレが多く設置されており、とても清潔。パウダールームが完備されているところもあるため、女性には嬉しい。

ビギナーズセミナー　▶ 予想の仕方や馬券の買い方などを教えてくれる場所。全国の競馬場に設置されている。一から教えてくれるから、初心者がいきなり競馬場に行っても安心！ 当日、現地で申し込める。

通路　▲ 競馬場の通路は広い。GIが開催される日は混雑するものの、それ以外の日であれば、比較的空いていて移動もラク。

大迫力！馬と騎手を間近で見られる

#馬近すぎ #筋肉すごい

▲ パドックやスタンドの前方に行けば、サラブレッドと騎手たちが近くで見られる。太陽に照らされた美しい馬体が猛スピードで駆け抜ける様子は、まさに圧巻！

推しポイント その❸

レースだけじゃない！見どころは∞

#SNS映え
#競馬場で乗馬

◀ ときめくフォトスポットが充実。※写真は東京競馬場フジビュースタンド5F・UMAJO SPOT横

▶ 公園感覚で遊んでもよし、芝生でピクニックしてもよし。写真のようにゲート（発馬機）を模したブランコなど、ユニークな遊具もある。※写真は東京競馬場馬場内ブランコエリア

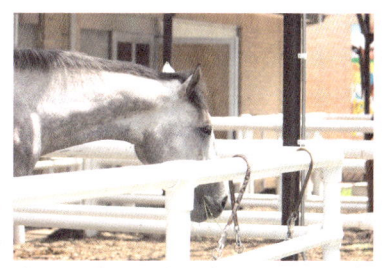

▲ 馬と直接ふれあえる競馬場もある。中には、乗馬体験ができるところも。乗馬体験は要申し込みなので、JRAの公式HPをチェックしてみよう。

推しポイント その❹

充実のグルメとかわいいグッズが盛りだくさん

#競馬飲み
#ぬい活

▶ ビールや季節ごとの限定のお酒を売っている。もちろんノンアルも販売。※写真はGⅠカクテル「フェブラリーS」（東京競馬場・Bar2400）

▼ ラーメン、焼き鳥など定番メニューから「G1焼き」など、競馬場ならではのグルメも。さらに、おつまみやデザートも多彩。1日では制覇しきれない！

▲ 競馬場にあるターフィーショップでは、グッズが所狭しとならんでいる。トートバッグや「御"駿"印」などバラエティー豊か。推し馬のぬいぐるみを探してみよう。

\ カワイイがいっぱい! /

UMAJO SPOT ってこんなところ

Racetrack Guide 02

2013年に、女性専用のリラックススペースとして東京競馬場内に開設されて以来、全てのJRAの競馬場に設置されているUMAJO SPOT。女性コンシェルジュもいて、わからないことがあれば、いつでも聞けるから安心!

⌇ 推しポイント

> 競馬女子の新たな聖地! ほっと一息くつろげる

#初めてでも行きやすい #もはやカフェ

概要

▲ 入場は無料で利用時間は1日1回最長60分まで（※時間は変更になる可能性あり）。飲食物の持ち込みはやめよう。

映えスポット

▲ UMAJO SPOT内や周辺には、映えるスポットがたくさん。大きなティーカップに入って写真を撮ろう！※写真は東京競馬場5F・UMAJO SPOT PLUS横

ドリンク＆スイーツ

▲ なんと無料でドリンクが飲める！ お茶やジュースはもちろん、有名店とコラボしたオリジナルフレーバーの紅茶やコーヒーを楽しめる。オリジナルスイーツや雑貨も売ってるからチェックしてみよう！

パウダールーム

▲ UMAJO SPOTはトイレまでカワイイ！ パウダールームもちゃんと設置されているから、とてもありがたい。

一生に一度は観たい ビッグレース

写真提供：JRA

2022年東京優駿（👑 優勝馬ドウデュース）

東京優駿（日本ダービー）
東京・芝2400m ｜ 例年5月下旬頃

「ダービー」の愛称で知られるこのレース。ダービーに勝つことは競馬界で最高の名誉であり、全てのホースマンが勝利を目指すといわれている。3歳馬限定のため、生涯で1頭が挑戦できるのは一度きりで、1世代約8000頭の中の頂点を決める。その希少性と一発勝負の厳しさが、「ダービー」という名に特別な重みを与える。

写真提供：産経新聞社

2024年有馬記念（👑 優勝馬レガレイラ）

有馬記念
中山・芝2500m ｜ 例年12月下旬頃

競馬ファンの投票で選ばれた上位の馬が出走できるドリームレース。2018年には障害界の怪物オジュウチョウサンが投票で3位に選ばれ出走し、話題になった。競馬ファン以外も馬券を買うことが多く、1996年には1レースで約875億円を売り上げ、ギネス記録に。年末開催のため、オグリキャップやキタサンブラックなど、多くの名馬が引退レースにこの地を選び、伝説が刻まれてきた。

写真提供：JRA

2023年ジャパンカップ（👑 優勝馬イクイノックス）

ジャパンカップ
東京・芝2400m ｜ 例年11月下旬頃

有馬記念と並び国内最高賞金（1着5億円 ※2025年1月時点）を誇る一戦。「世界に通用する強い馬づくり」という信念のもと1981年に創設され海外の一流馬をレースに招待し、日本競馬の向上を目指してきた。当初は海外馬の背中を追い続けたが、1990年代を境に風向きが変わり、今や日本馬がその頂を制することがほとんど。日本初の国際GⅠ。

「ほしい」がいっぱい！ バラエティー豊かな

競馬場グルメ

KASUYAの
かすうどんはかすを
2倍に増やせるよ！
（※中山は除く）

🍴 Gourmet

枠色小籠包（東京）

「台湾食堂 八福」で提供されている、枠色をモチーフにした小籠包。色ごとに異なる味を楽しめて、シェアして盛り上がるのも◎。出馬表風パッケージで心を摑まれること間違いなし！

🍴 Gourmet

かすうどん
（東京、中山、京都、阪神）

大阪発KASUYAのかすうどん。関西ならではの甘めのダシに、油かすがトッピングされた一品。

🍴 Gourmet

かき揚げそば（東京）

「馬そば深大寺」の逸品。東京競馬場で40年以上愛されてきた「とりそば」もオススメ。長年、ファンに「美味しい」を届け続けてきた。

🍴 Gourmet

特製らぁめん（中山）

「ラーメンはこれでいい！」といいたくなる王道の醤油ラーメン。豚めしもつければ至福の背徳飯……。「らぁめんや楽」で販売中。

🍴 Gourmet

焼き鳥3本セット（京都）

京都競馬場「鳥せい」で売っている焼き鳥3本セット。もも・つくね・皮の"三種の神器"に舌鼓！こだわりの日本酒も。

🍴 Gourmet

モカソフト
（東京、中山）

屈指の人気を誇るスイーツ！ 東京・中山の「耕一路」にて販売している。美味しいコーヒーも買って、贅沢なひと時を過ごそう。

🍴 Gourmet

大穴ドーナツ（東京）

大穴馬券とかけたその名も「大穴ドーナツ」。レースの前にこれを食べて万馬券を当てちゃおう！ 東京競馬場「トーキョーカフェ＆ベーカリー」で発売中。

競馬場グルメ&競馬グッズ

ぬいぐるみ化する馬を選抜する
「アイドルホースオーディション」
という企画もあるんだって!

競馬グッズ

○ Stuffed toy
ソダシのぬいぐるみ

白毛のアイドルホース・ソダシのぬいぐるみ。座っている姿がかわいい! ソファに置いておきたいLサイズからカバンにつけるのに最適なSサイズまで、取り扱いが豊富。

○ Merchandise
ゴールドシップのぬいぐるみ

引退して以降今も愛されるゴールドシップのぬいぐるみ(Sサイズ〜Lサイズ)。黒いシャドーロールがかわいい!

○ Merchandise
バケットハット

歴代最強馬ともいわれるイクイノックスのロゴが入ったバケットハット。綿100%で季節を選ばずに着用できる。

○ Merchandise
枠色ジョッキーキャップポーチ

枠によって色が変わる騎手のヘルメットを模したポーチ。全色揃えるのも楽しいかも!

○ Merchandise
UMAJO前髪クリップ（栗毛・クローバー）

メイクする時にあったら便利! 競馬場だけでなく、家でも馬グッズを身につけよう。

○ Merchandise
UMAJOスマホショルダー

白い馬と花柄がかわいい! スマホを「すぐ使える&なくさない」ための便利グッズも登場。つければスマホをいつでも取り出せる。

○ Merchandise
御駿印張（芦毛、鹿毛、栗毛、黒鹿毛）

実は全国のターフィーショップで、競馬場限定の御駿印を売っている。推しの毛色の御駿印張を買って、御駿印を集めよう!

HEART FOR ART

そこが気になる！
競馬場のお役立ちQ&A

競馬場に行くにあたって、気になることや不安なことを一つ一つ解消して、
思う存分当日を楽しもう！

 Q 競馬場はどこにある？

A P109にある通り、JRAが運営する競馬場は全国で10ヵ所。中でも、東京、中山、京都、阪神の「中央4場」では多くのGIを開催。

 Q いつ行けばいい？

A 開催は基本的に土日祝日で、開門は原則9時。第1レースは10時前後に始まる。メインレースは第11レースであることが多く、15時半前後に発走する。朝から行けば全レースまるごと見られるよ！

 Q 女性1人でも行ける？

A 最近では女性やファミリーが多く訪れているから安心。各競馬場には女性専用のUMAJO SPOT（P98）もあり、馬券についてわからなければ、ビギナーズセミナーものぞいてみよう。

 Q 入場にはいくらかかる？

A 入場料は100～200円（※15歳未満無料。GI当日などの混雑日やキャンペーン実施日は除く）。再入場も可能。「フリーパスの日」開催時は無料。指定席をとれば、入場券を買う必要はない。券の取り方はP105。

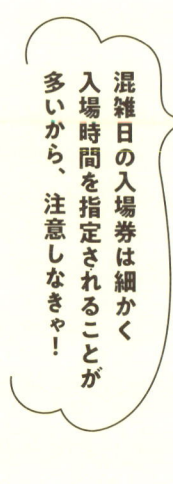

混雑日の入場券は細かく入場時間を指定されることが多いから、注意しなきゃ！

馬券はいくらから買える？

A 馬券は買いたいレースだけ買えばOK！100円から購入できる。「がんばれ！」と印字される応援馬券や好きな名前の馬を買ってみるのも一つの楽しみ方で、馬券のコピーサービスも使ってみよう。

1枚10円で思い入れのある馬券をコピーできるよ。

駅前でたまに見るWINS（ウインズ）は競馬場とどう違う？

A WINSとは、JRAが運営する「場外勝馬投票券発売所」。競馬場と違ってレースはそこで行われていないものの、馬券を購入できて、多数のTV画面でレースを観戦できる。全国に約40ヵ所ある。

見やすいところはある？

A レースの見やすさや快適性を重視するなら指定席をとるのも一つの手。人気なのはゴール板が正面にくる席。指定席以外だと、馬場内も比較的空いていて穴場スポット。

馬券はどうやって買えばいい？

A 予想の仕方、馬券の買い方については、P74～89で詳しく解説してあるので、要チェック！ ビギナーズセミナーは当日申し込みで、無料で受講できるため安心。レースが終わった直後は比較的空いているから、ゆっくり買いやすいよ。

初心者でも競馬場を楽しむには？

A P106～108に目的別のタイムスケジュール（例）があるからチェックしてみよう！ グループで行っても、1人で行っても全然大丈夫！ レースはもちろん、グルメフェス、グッズショップ、女性専用エリアなど見どころは盛りだくさん。テーマパーク的な感覚で訪れてみよう。

これで安心！ 競馬場への行き方

ここでは、TIPSや持ち物リスト、券の取り方など耳よりな情報を紹介！
さあ競馬場に行ってみよう！

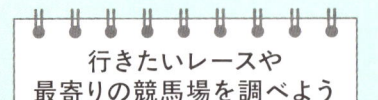

行きたいレースや最寄りの競馬場を調べよう

最初は比較的空いている土曜日がオススメ。日によって、開催している競馬場が異なるから、開催日と開催場所はJRA公式HP「レーシングカレンダー」で確認。最寄りはどこか、P109を見てみよう。

入場券or指定席をとろう

当日に残りがあれば、入場門で購入できるものの、なるべく事前に購入しよう。指定席を買わない人は入場券の購入が必要だよ。GⅠの日は、指定席がないと混雑でレースが見づらい恐れも。覚悟をもって挑もう。

持ち物リスト

※手荷物預かり場所は設置されているけれど、なるべく身軽なスタイルでいこう！

【マスト】

☑ 現金	馬券購入は現金かUMACA（P123）のみで、場内にATMナシ。飲食店も現金のみの場所が多いので1万円は持っておきたい。
☑ モバイルバッテリー	有料充電スポットがあったり、コンセントが設置されている指定席もあるけれど、長時間の外出になるため、あると安心。
☑ 日焼け対策グッズ、冷感or防寒グッズ	野外なので気温にあわせて服装に気をつけよう。特に春夏は熱中症に注意。日差しが強い日は日焼け止めクリームを塗っておくといいかも。

【あれば便利】

☑ 競馬新聞	予想に役立つ情報だけでなく、関係者や記者のこぼれ話などが満載。あると、より競馬を熱く見られる。
☑ 筆記用具、クリップボード	マークカードが置いてあるテーブルに鉛筆がない場合もあるため、筆記用具は持っていくのがオススメ。また、クリップボードがあると、テーブルがなくてもマークカードに記入しやすい。
☑ 双眼鏡	向こう正面（スタンドの反対側）を馬が走っている時に使える。

【持ち込めない】 ※飲み物は持ち込めるけれど、ビンやカンは持ち込み不可なので注意！

- ☑ 火気類やビン・カンなどの危険物
- ☑ ペット（補助犬を除く）
- ☑ 車輪のついた器具・乗り物（車椅子・ベビーカーを除く）
- ☑ テント・パラソル・大型のテーブル　など

オススメの服装

なるべく身軽なスタイルで！
競馬場は広くてたくさん歩く
から、履き慣れた靴で行こう。

階段や芝生エリアなどもあるため、ヒールは避けた方が無難。

入場券・指定席のチケット購入・表示方法

「指定席・入場券ネット予約サイト」から会員登録（以下二次元コードから遷移後、画面右上に会員登録の欄がある）

ログイン後、トップページを下にスクロールして、競馬場と開催日を選択

発売スケジュールを確認（指定席をとれば入場券は不要）

指定席の場合、申込席種と座席位置を選択

トップページの画面左下にある「QR表示」をクリック

購入完了！

申込内容を確認

同行者情報・支払い情報を入力

入場する開催日の「QR表示・分配」をクリック

「QRチケット表示・分配」をクリック

二次元コードを表示できたら、入場門の係員さんに見せて入場！

同行者と入場時間がずれる場合は、分配しよう！ちなみに、前日23時までなら、キャンセル可能（キャンセル料は指定席料の20％）。

競馬場での過ごし方 ①

※時間は目安であり、レースの進行状況により多少前後する可能性がある　※東京競馬場を例としている

入場

入場券・指定席の取り方はP105。最初は指定席をとるのがオススメ。競馬新聞を買ってレースをチェック。当日のレース時間が書いてあるレーシングプログラムは無料でもらえるよ。

ワクワク！門をくぐれば競馬場！

目と鼻の先に馬と騎手が！

レースの約30分前　パドックで馬と騎手を間近で見る

パドックで馬をひいているのは厩務員や調教助手で、たまに調教師がひくことも。騎手が馬に跨がるのはレースの約15分前。大声、フラッシュ撮影、サインを求めたりするのはやめよう。

青と黄色の売り場で買える
（UMACAを持っている人は赤で買える）

レースの約15分前　馬券を買う

買い方はP86。実際に買う前にビギナーズセミナーに行くのもアリ！

馬が走ると地響きが！
動画ではわからない迫力！

レース約5分前　スタンド前に移動してレースを観戦

最後の直線の前やゴール板正面、1コーナー近くなど、場所によって見え方が変わるから面白い。ゴール板正面は混雑しやすいよ。

昼食

フードコートで食べるのもよし、レストランに行くのもよし、軽食とお酒をテイクアウトするのもよし。

中津から揚げと枠色カクテル♪

※写真左下は「中津から揚げ もり山」とフジビュースタンド4・5・6F「Twodays」で、写真左上・右は「Bar2400」で販売

指定席からレースを観戦

机がある指定席だと、マークカードの記入がしやすい。席から馬券売り場（発売専用機）がすぐ近くで、とても便利！

ゆっくり見られる！

UMAJO SPOTでくつろぐ

各競馬場に設置されているUMAJO SPOT（P98）ではお茶できる。

居心地がよすぎる！

15時半前後　メインレースを観て盛り上がる

1Fのスタンドは混雑するため、馬場内か指定席から観てもいいかも！

メインレースは熱気がすごい！

ターフィーショップでかわいいグッズに一目惚れ

人気なのはやっぱりぬいぐるみ！ 推し馬を見つけよう！

ゴールドシップやソダシのぬいぐるみも！

初めて行く人は買うレース数を絞るのもアリかも。

レースの約15分前には返し馬が見られる！

競馬場での過ごし方 ②

※東京競馬場を例としている

入場

開門直後を避けると比較的空いている。

馬場内に移動して、馬券を買おう

地下通路を歩いて馬場内に向かおう。馬場内でも馬券を購入できるほか、飲食店などの施設も充実している。

馬場内の売店でお酒＆軽食を手にレース観戦

馬場内もお酒や軽食が充実。スタンドより空いていることが多く、芝生エリアから悠々とレースを楽しもう。

UMAJO SPOTでお茶

昼食の後は紅茶やコーヒーとオリジナルスイーツで、ほっと一息。

各種イベントに参加しよう

芸能人のトークショーやワンポイントネイル体験、パーソナル診断など、イベントが盛りだくさん。

馬場内にも馬券売り場があるよ

東京競馬場 限定グルメも充実

※写真左はまい泉「ポケットサンド」（東京競馬場オリジナル焼き印）、写真右はTwodays東京競馬場限定ハイボール「ベストオブブラック」

UMAJO SPOT PLUSものぞいてみよう

イベントから競馬場に行く日を決めるのもアリ！

※写真はイメージ

全国競馬場 MAP

※掲載しているのはJRAが運営している競馬場に限る

最寄りを探そう。近くにない場合は、
WINS（場外馬券場）の場所をチェックしてみて！

札幌競馬場　P114　北海道 札幌市

平坦なコースが特徴的。芝は全て「洋芝」と呼ばれる深い品種を使用。8月には夏競馬の総決算・札幌記念（GⅡ）が開催。

小倉競馬場　P115　福岡県 北九州市

近くに迫る山を背にした風景が特徴的。平坦で小回りながら、芝コースの幅広さが広々とした印象を与える。

函館競馬場　P114　北海道 函館市

札幌と同様に、芝は全て洋芝を使用。全10場のなかで最も直線が短い。まるで宇宙船のようなスタンドが目を引く。

新潟競馬場　P115　新潟県 新潟市

全10場の中で最も直線が長く、日本で唯一の直線競馬が行われる。青い空と開放感のあるコースで、競馬ファンからの支持を集める。

福島競馬場　P115　福島県 福島市

全10場の中で最も一周の距離が短く、コーナーのカーブも急。自動車で来る人専用の馬券売り場がある。

中山競馬場　P113　千葉県 船橋市

"秋のグランプリ"である有馬記念（GⅠ）の舞台。最後の直線の上り坂は全10場で最も勾配がきつい。中央4場の一つ。

阪神競馬場　P113　兵庫県 宝塚市

2025年3月にリニューアル。ゴール前に急坂があり、中山や京都と同じく、内回りと外回りコースからなる。中央4場の一つ。

東京競馬場　P110　東京都 府中市

数々のビッグレースが行われる"聖地"。新潟の次に直線が長く、都内にありながらスケールが大きい競馬場。中央4場の一つ。

京都競馬場　P112　京都府 京都市

2023年4月にリニューアルオープン。3コーナーの"淀の坂"は名馬たちをも苦しめ、数々の名勝負を演出してきた。中央4場の一つ。

中京競馬場　P114　愛知県 豊明市

中央4場以外で唯一GⅠが開催。オープン特別「名鉄杯」ではオリジナルファンファーレが流れる。左回りは中京と新潟と東京だけ。

東京競馬場をのぞいてみた！

【 Racetrack File 01 】

日本はおろか世界の競馬場の中でも最大級規模を誇る東京競馬場。10万人以上を収容できるスタンドの大きさ、1周2000m以上の芝コースの開放感に圧倒されること間違いなし！ レース以外にも楽しめるスポットが豊富で、どの競馬場に行くか迷ったらまず東京競馬場から行くべき。

❶メモリアルスタンド（左）とフジビュースタンド（右）は荘厳なたたずまい　❷西門側（JR線府中本町駅側）から見たスタンドとコース　❸ターフィーショップでは大きなぬいぐるみがお出迎え　❹1階イーストホールでは展示をしていることも　❺東京競馬場で開催したG1レースで計5勝（史上最多）をあげたウオッカをたたえる銅像　❻馬場内では赤やピンクのバラが咲き誇る

Pick Up!

UMAJO SPOT PLUS
（フジビュースタンド5F・MAP Ⓐ）

東京競馬場には従来のUMAJO SPOTに加えて、UMAJO SPOT PLUS（同じく女性専用エリア）もある。UMAJO SPOTが混雑している時はこちらをのぞいてみよう。

ホースプレビュー
（フジビュースタンド1F・MAP Ⓑ）

パドックからコースへ向かう途中やレースから帰ってくる馬をガラス越しで目にすることができる。直前のレースに騎乗した騎手は時間がないため、ここから馬に跨る場合も。

JRA競馬博物館
（MAP Ⓒ）

競馬の歴史や魅力を様々な角度から紹介している博物館。新しい企画展や特別展が続々と開催されるため、毎回のぞく価値あり！
（※写真は過去の展示）

こんな人に **オススメ！**

競馬場に行ったことがない人

週末のお出かけ先を探している人

場内MAP

↑
西武線是政駅

KIDS GARDEN 東京競馬場

新幹線エリア
ブランコエリア
キッズエリア

ステージエリア
E
芝生エリア
馬場内投票所

グルメエリア
バラ園

ターフビジョン
障害コース
ターフビジョン
馬場内連絡通路

ダートコース
ゴールライン

ベビー・チャイルドルーム
イースト(B1F)
馬場内連絡通路
馬場内入口
ウイナーズ
サークル

フジビュー
ウォーク

乗馬センター
日吉が丘
メモリアル60
スタンド
馬場内入口
D A F
フジビュースタ B
ゴール前特設ステージ
西門

JR線 →
府中本町駅

東門UMACA
ルーム
親子馬像 ウオッカ像

京王線
東府中駅
C
けやき並木
(ローズガーデン奥)
ローズ
ガーデン
馬頭観音
パドック
日本庭園

ベビー・チャイルドルーム
ウエスト(2F)

東門

競馬博物館

ベビールーム
(おむつ交換台有) 競馬場通り
京王線
府中競馬正門前駅 ↓
正門

※JRA公式HPより引用

Access

〒183-0024 東京都府中市日吉町1-1　電話番号：042-363-3141

開催日：原則として9時00分から17時00分
平日：10時00分から12時00分、13時00分から16時00分
(除く：月曜日・火曜日・祝日・年末年始・その他 臨時の休務日有り)

京王線「府中競馬正門前駅」から専用歩道橋にて正門まで徒歩約2分
京王線「東府中駅」南口から東門まで徒歩約10分
JR武蔵野線／南武線「府中本町駅」臨時改札口から専用歩道橋にて
西門まで徒歩約5分

Pick Up!

俺の生きる道
(フジビュースタンド1Fファストフード
プラザ内-MAP D)

なんと有名ガッツリ系ラーメン店が
競馬場に進出。ボリュームたっぷり
のラーメンに大満足間違いなし！
(※実際の麺量や器は写真と異なります)

グルメエリア
(馬場内-MAP E)

過去に、ラーメンフェスや肉フェス、
北海道フェスなどが開催されてお
り、テイクアウトして食べられる。
あの名店の味を競馬場で！
(※開催情報はJRA公式HPを要チェック)

台湾食堂 八福
(フジビュースタンド1F
25番柱近く-MAP F)

多い時は1日130食以上を売り上げ
る「枠色小籠包」が大人気。他にも、
大鶏排や魯肉飯など、本格的な台湾
料理が競馬場で楽しめちゃう！

京都競馬場をのぞいてみた！

【Racetrack File 02】

場内MAP

いろんな人に **オススメ！**

≫ レースだけでなくグルメも堪能したい人 ≫

場内MAP図
- 13 弁天島
- ターフビジョン
- 11 ゴール 12
- C ゴールサイド
- ステーションサイド
- A 1
- 3
- 8
- イベントステージ 9
- 緑の広場
- 7
- 4
- 湧きたまり広場
- 10
- 5
- B 検量所
- 2
- 三冠ゲート
- シンザン像
- コントレイル像
- ステーションゲート
- 淀駅
- 京阪電鉄本線
- P 有料駐車場
- バスのりば 阪急西山天王山駅行き

※JRA公式HPより引用

Access 〒612-8265 京都府京都市伏見区葭島渡場島町32　電話番号：075-631-3131

開催日：9時00分から17時00分
平日：10時00分から12時00分、13時00分から16時00分
（除く：月曜日・火曜日・祝日・年末年始・その他 臨時の休務日有り）

◎京阪電鉄淀駅下車徒歩2分
◎阪急電鉄西山天王山駅からバスで約15分

＼ Pick Up! ／

鳥せい
（ステーションサイド1Fフードコート-MAP Ⓐ）

顔より大きい!? 大判サイズの鶏むね肉の唐揚げ「大鶏物（ビッグチキン）」と焼き鳥が名物。サクサク衣とスパイスがあなたを虜にすること間違いなし！

写真提供：JRA

ライスシャワー碑
（パドック裏-MAP Ⓑ）

京都競馬場でGⅠ3勝をあげるも宝塚記念のレース中に故障し、命を落としたライスシャワーの魂が眠る石碑。今でも花や人参をお供えする人たちが後を絶たない。

Beer stand 1George
（ゴールサイド4F指定席フロア内-MAP Ⓒ）

芳醇（ほうじゅん）な香りと程良い苦味がたまらない「京都競馬場オリジナルビール」。他にもクラフトビールがあるから、飲み比べよう！

（※購入するには指定席が必要）

中山競馬場

馬場内からは障害を飛越する瞬間を近くで見られる！

(1) 年の総決算である"秋のグランプリ"有馬記念の開催地として知られる中山競馬場。有馬記念の歴代優勝馬がプレートで刻まれているグランプリガーデンは行くべきスポット。また、パドックからコースへ向かう馬、コースから帰ってきた馬を見られる場所、その名も「グランプリロード」に行って、馬と騎手を近くに感じよう！他にも、内馬場にある馬場内テラスでは、手ぶらでBBQが楽しめる（※期間限定）！東京競馬場に比べるとコンパクトなので、お目当てのスポットを回りやすい。地下の動く歩道で直結しているので、JR船橋法典駅から行くのがオススメ。

〒273-0037 千葉県船橋市古作1-1-1
電話番号：047-334-2222
アクセス：JR船橋法典駅から専用地下道（動く歩道設置）で徒歩約10分。JR西船橋駅からバスで約15分、徒歩で約30分。京成東中山駅からバスで約10分、徒歩で約20分。

阪神競馬場

満開の桜の中を駆け抜ける！

(上) 半期の総決算"春のグランプリ"宝塚記念の開催地として知られる阪神競馬場は、2025年3月にリニューアルオープン。スタンドの指定席が新しくなるだけでなく、特設店舗が並ぶ「グルメストリート」の新設や子どもが遊べるファミリーエリアの拡充など、生まれ変わった阪神競馬場から目が離せない！特にオススメの時期は、芝コースのまわりを桜並木が彩る4月上旬。美しく飾られた花壇があるセントウルガーデンや噴水広場もSNS映えするから、ぜひ行ってみよう。

〒665-0053 兵庫県宝塚市駒の町1-1
電話番号：0798-51-7151
アクセス：阪急電鉄仁川駅から専用地下道、専用通路（サンライトウォーク）で徒歩約5分

写真提供：JRA

中京競馬場

写真提供：JRA

かちうまビュー

関 東に東京・中山、関西に京都・阪神があれば、東海には中京競馬場がある！春に開催される短距離GI高松宮記念や冬に開催されるダートGIチャンピオンズカップが行われる名所。レースから帰ってきた馬や騎手の様子をガラス越しに見られる「かちうまビュー」や席に座れる名鉄7000系パノラマカーの展示、乗馬センターなど立ち寄りたいスポットが多い。

〒470-1132 愛知県豊明市間米町敷田1225
電話番号：052-623-2001
アクセス：名鉄名古屋本線・中京競馬場前駅から西入場門まで徒歩約10分

札幌競馬場

写真提供：JRA

UMAJO SPOT

開放的なUMAJO SPOTからはレースが間近に！

行 けば、涼しい風と夏の青い空に心奪われること間違いなし！7月頃から始まる"夏競馬"における一大レース・札幌記念（GII）は毎年大きな盛り上がりを見せる。また、走る馬を目と鼻の先で見られる「ターフサイドシート」や藻岩山と札幌市の街並みを拝める「もいわテラス」など施設が充実。札幌なら、ビールを飲んでレースを楽しむのが大正解！

〒060-0016 北海道札幌市中央区北16条西16-1-1
電話番号：011-726-0461
アクセス：JR桑園駅下車徒歩約10分。札幌市営地下鉄東西線二十四軒駅下車徒歩約15分。開催期間中の毎土曜日・日曜日、JR桑園駅および地下鉄二十四軒駅と札幌競馬場間に無料送迎バスが運行。

函館競馬場

写真提供：JRA

宇宙船のようなスタンド

札 幌競馬場と同じく、夏にレースが開催される函館競馬場。その姿はまるでリゾート地のよう。おしゃれな入場門をくぐると、真っ白なスタンドが目に入る。スタンドは、函館山や紺碧の津軽海峡が見渡せる絶景スポットでもあり、とにかく開放的な気分になれるのが函館競馬場。海鮮丼やジンギスカンなど、北海道グルメも絶品！

〒042-8585 北海道函館市駒場町12-2
電話番号：0138-53-1021
アクセス：JR函館駅から函館市電2系統もしくは5系統に乗車し、競馬場前下車徒歩1分

福島競馬場

写真提供：JRA

ローズガーデンは馬場内にある

自然豊かな環境に位置し、山並みを背景にした景観が魅力。スタンドの地下1階には、「自動車専用発売所」という珍しい施設がある。福島駅からもほど近く、気軽に訪れられるアットホームな雰囲気が魅力。5〜6月頃には、300種類のバラが咲き誇るローズガーデンに行って、真横を駆け抜けていく馬たちの迫力を体感しよう！

〒960-8114 福島県福島市松浪町9-23
電話番号：024-534-2121
アクセス：JR福島駅（東口）バスターミナル2番のりば・3番のりばからバスに約15分乗車し、「競馬場前」下車徒歩1分

新潟競馬場

写真提供：JRA

日本一長い直線！

入ってみると「とにかく広い！」と感じること間違いなしの新潟競馬場。約658mの直線を活かした「芝直線1000m」（コーナーなし）のレースは日本でここだけ。スケールの大きい競馬場で行われるダイナミックなレースに加えて、薄めのサクッとした衣＆甘いタレが美味しいタレカツ丼や長岡生姜醤油ラーメンなど、地元グルメも見逃せない！

〒950-3301 新潟県新潟市北区笹山3490　電話番号：025-259-3141
アクセス：JR新潟駅から臨時バスに約35分乗車し、新潟競馬場で下車徒歩1分など（臨時バスは開催日のみ運行。【E23】系統【E44】系統は非開催日でも運行、同じく新潟競馬場下車徒歩1分）

小倉競馬場

スタンドの裏に日本庭園が

盛り上がりを見せるスタンドとは裏腹に、静かにたたずむ日本庭園が名物の小倉競馬場。一方、芝生スタンドではピクニックしながらレースを楽しめる。パウダールームはラグジュアリーな雰囲気で、休憩できるソファーもあって嬉しい。また、福岡名物のごぼ天うどんやオリジナル芋焼酎など、名産品を存分に堪能できる。モノレールに乗り、最寄り駅から徒歩1分と立地もGood！

〒802-0841 福岡県北九州市小倉南区北方4-5-1
電話番号：093-962-3236
アクセス：JR小倉駅より北九州モノレールで約10分乗車し、競馬場前駅下車徒歩1分

馬事公苑ってこんなところ
Horsespot Guide 01

2023年11月にリニューアルオープンした「馬事公苑」。単なる公園にとどまらず、様々な施設やイベントがあるらしい！ ここで"第二の馬生"を歩んでいるJRAの引退馬もいるから、競馬ファンもぜひ足を運んでみよう！

推しポイント その❶
馬とふれあえるテーマパーク

#初めての馬術 #人馬一体

愛馬の日
▲ 毎年秋分の日に「愛馬の日」というイベントを開催。体験乗馬が開催されたり、全国の馬事芸能などが披露されたりする一大イベント！

体験乗馬
▶ 数ヵ月に1回開催している「馬に親しむ日」でも体験乗馬を開催。かつての重賞馬に乗れるかも!?
(※写真は著者とリーゼントフラム号)

愛馬の日
▲ 愛馬の日には馬術エキシビションも開催。2024年は、パリ2024オリンピック総合馬術団体・銅メダリスト戸本一真選手も馬術を実演。

JRAジャパンブリーディングホースショー
▲ 12月に行われる内国産乗用馬・引退競走馬限定の障害馬術大会。JRAでかつて活躍した馬たちも参加するため、競馬ファンも必見！

推しポイント その ②
スタンドから馬たちを観戦！

#屋根付きありがたい #至近距離

▲ 大会の日以外でも運が良ければ、メインアリーナで馬術競技の練習をしている馬たちを見ることができる！ フラッシュ撮影や大声は厳禁。

推しポイント その ③
自然豊かで散歩するだけで楽しい！

#森林浴
#想いの場

※写真は「栃栗毛」仕様の水飲み場

◀ 馬のかたちをした苑内の水飲み場。全部で7ヵ所あり、実はそれぞれ記載してある毛色が異なる。好みの毛色をした水飲み場を探そう！

▶ 苑内にはユニークな馬優先の看板が！ ここは「馬ファースト」の世界。もし馬が歩いてきたら、道を譲ろう。

▲ 中にステンドグラスが施されているツリーハウス。イベント時にのみ開放される人気スポット。

推しポイント その ④
メインスタンドでリラックス。ゆったり空間でちょっと一息

#のんびり座れる #スマホ充電可能

▲ 1Fのホースギャラリーには馬に関する本がずらり。

▼ 1Fにはカフェスタンドもあり、メロンパンやノンフライドーナツが食べられる。2Fのリナトキッチンでは、テラス席でご飯を楽しめる。

▲ 馬術を疑似体験できるホースシミュレーター（※イベント時に稼働）。

馬事公苑をのぞいてみた！

【Horsespot File 01】

東京2020オリンピック・パラリンピック大会（馬術競技）の開催地になった馬事公苑は、世田谷に位置しながら東京ドーム約4個分の広さを有する。馬事文化・馬術競技の中心地である馬事公苑は、人々に馬や馬術への親しみを持ってもらうため、いろいろなイベントを催しているから要チェック！

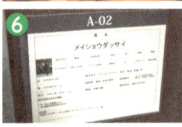

❶正門から入ると石碑がお出迎え　❷馬術の練習場であり、大会の会場となるメインアリーナ　❸インドアアリーナでも大会が開かれる　❹公苑の中に馬の周回走路が走るユニークな光景　❺メインオフィス2F・リナトキッチンではパスタやピザ、ハンバーグなどが食べられる　❻かつてJ・GIを制した名馬も在籍。乗馬できるかも!?

Q&A

そもそも馬事公苑とは？

1940年に開苑したJRAが運営する施設。馬事を普及させる拠点でありながら、人々に親しまれる公園でもある。過去、騎手養成所の役割を果たしていたことも。

入苑料は？

通常日もイベント開催日も入苑料はかからない。自然林の中をゆったり散歩できたり、公園として気軽に楽しめる。

イベント情報は？

JRA公式HPの馬事公苑の「イベント・競技会情報」欄から「イベント・馬術競技会等年間スケジュール」に遷移。ページにアップされている年間スケジュールのPDFをダウンロード、もしくは公式インスタグラムをチェックしよう。

こんな人に **オススメ!**

馬とふれあいたい人

デートスポットを探している人

場内MAP

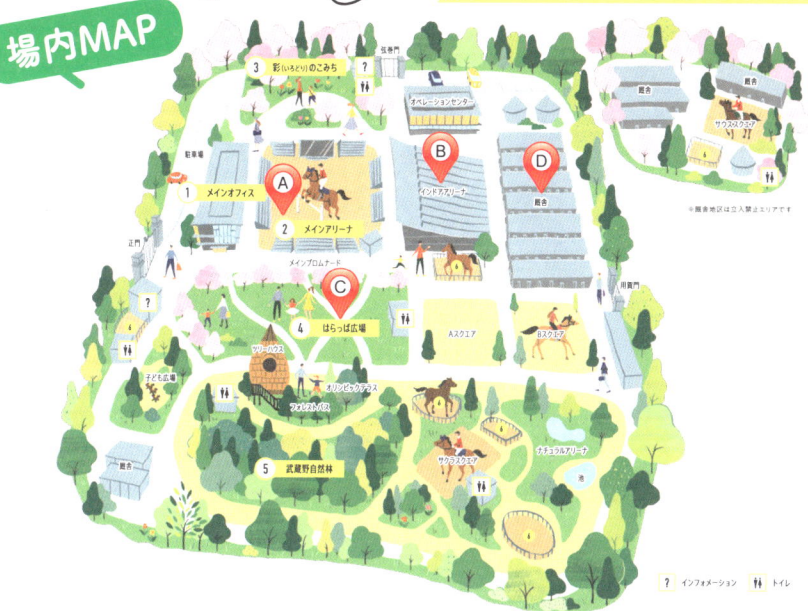

1 メインオフィス
2 メインアリーナ
3 彩(いろどり)のこみち
4 はらっぱ広場
5 武蔵野自然林

? インフォメーション　トイレ

※厩舎地区は立入禁止エリアです

Access　〒158-0098 東京都世田谷区上用賀2-1-1　電話番号：03-3429-5101（代表）

開苑日：年中無休

開苑時間：（11月から2月）9時から16時。（3月から10月）9時から17時

※臨時休苑の際は、事前にJRA公式HP・馬事公苑公式Instagramにて告知あり

【電車で行く場合】

・東急田園都市線桜新町駅下車 徒歩15分・小田急線経堂駅下車 徒歩20分

【バスで行く場合】

・JR渋谷駅より用賀駅行き・祖師ヶ谷大蔵駅行き・成城学園前駅西口行き・調布駅南口行きバスに乗車

・東急田園都市線用賀駅より渋谷駅行き・祖師ヶ谷大蔵駅行きバスに乗車

・小田急線千歳船橋駅より渋谷駅行き・用賀駅行き・等々力駅所行きバスに乗車

いずれも「農大前」で下車 徒歩3分

Pick Up!

メインアリーナ&インドアアリーナ
（MAP A & B）

大会会場や練習場となるメインアリーナもインドアアリーナも地面にはフェルト素材が使われている。雨が降っても水たまりができづらく、馬への脚の負担もかかりにくい。

はらっぱ広場
（MAP C）

正門から入ってすぐ右手に見える開放感のある芝生広場。憩いの場として地域住民に愛されており、土日にはピクニックをしている人たちも。

厩舎
（MAP D）

一般開放されていないエリア。馬事公苑で繋養されている馬の厩舎だけでなく、馬術大会参加用の厩舎もある。国際大会が開催される時は、外国馬も受け入れ可能。

人馬の絆が成す伝統行事

　福島県では年に一度、相馬野馬追というお祭りが行われます。国の重要無形民俗文化財に指定されている伝統文化行事で、1000年あまりの歴史があります。3日間行われ、最も注目を集めるのは2日目の「お行列」と「甲冑競馬」「神旗争奪戦」です。お行列は約400騎の大軍が列をなして雲雀ヶ原祭場地へと行進します。神旗争奪戦は花火とともに打ち上げられた2本の御神旗を奪い合うもので、どれも圧巻の光景です。

　お祭りの光景はもちろん、人馬の絆も相馬野馬追の魅力の一つです。なぜそれを知ることができたかというと、父が所有していたリーゼントシャルフが競走馬を引退後、野馬追に出る馬になったからです。現在、シャルフは宮城県東松島市の高橋家の一員として暮らしています。その高橋家の皆様に以前、取材した際にいろいろなことを教えていただきました。神旗争奪戦では馬に乗りながら御神旗を奪い合うので、常に危険が伴います。「一歩間違えれば死んでもおかしくない世界。その中で命を預ける関係を日々の積み重ねでつくっていくのです」と高橋さん。また、野馬追は全国各地でイベントも行っており、2024年の11月には大井競馬場で甲冑競馬が行われました。シャルフも参加したのですが、その際も人馬の絆が成すエピソードを教えていただきました。3コーナーのあたりで片方の足が鐙から外れてしまったそう。それを察知したシャルフは減速し、鞍上が再び足を乗せてから再加速してゴールまで駆け抜けたというのです。日頃の信頼関係のたまものだと思います。何よりも馬を最優先に、大事にしている素敵なお祭りなので、ぜひ一度は現地で見ていただきたいです。

相馬野馬追の日のリーゼントシャルフ

スマッピー投票の手順

マークカード要らずのスマッピー投票。通信環境のあるところなら、どこでもQRコードを作成でき、作成したQRコードを自動発売機にかざすだけで馬券が買えちゃう！

以下の二次元コードからスマッピー投票のサイトにアクセス。会員登録は不要。作成可能時間は、原則毎週金曜日18時30分から日曜日の最終レース発売締切時間まで。

「通常投票」もしくは「オッズ投票」を選択（※以降「通常投票」を選択した場合の流れ）

馬券を買いたいレースの開催地を選択

買いたい馬を選択

式別（馬券の種類）を選択（※以降「単勝」を選択した場合の流れ）

レースを選択。グレー部分のレースは発売を締め切っているため選択できない

金額を記入し、「セット」を押す

投票内容が正しければ「投票用QR表示」を押す

投票用QRが表示される。投票内容が間違っていたとしても、「修正」を押せば修正できるから安心

自動発売機にお金を入れて、発売機左下「スマッピー投票」にQRコードをかざせば、購入完了！

わかればもっと楽しめる！
競馬用語リスト

P16-17やP72-73などで解説しきれなかった競馬用語をここでは解説！
この用語たちがわかれば、あなたも競馬上級者の仲間入り!?

調教について

【併せ馬（あわせうま）】

2頭以上の馬で並んで走る調教。競り合うため、1頭で調教するよりも速いタイムが出やすく、馬同士の競争意識を刺激する効果も期待できる。コーナーでは能力的に上位の馬を外に回らせることが多い。

【ゲート試験（しけん）】

競走馬がデビューするために必要な試験。ゲート（スタート地点の枠）にスムーズに入ることや、ゲートが開いてから速やかにスタートする能力をJRA職員が確認する。不合格の場合は再試験が必要となり、合格するまでデビューできない。

【角馬場（かくばば）】

周囲や走路を柵で囲った1周200～600mほどの、調教や訓練のために設置された馬場のこと。主に馬の基礎的な運動やウォーミングアップに使用される。角馬場でウォーミングアップしてから、本格的な調教をすべくコースへと向かうことが多い。

【ウッドコース】

クッション性と排水性に優れており、天候の変化による影響を受けにくい。他のコースと比べて時計がかかりやすい（スピードが出づらい）ぶん、脚もとへの負担が比較的軽い。競馬エイトの調教欄では美W（美浦のウッドチップコース）、栗C（栗東Cコースのウッドチップコース）と表記される。トレセンの走路は他にも芝、ダート、ニューポリトラックなどがあり、トレーニングの目的にあわせて使われる。

レースや走りについて

【出馬投票（しゅつばとうひょう）】

出走するための最終的な申し込み手続き。

【平場（ひらば）】

条件戦など特別競走以外のレースを指す。

【口取り式（くちとりしき）】

勝ち馬と騎手や調教師などの関係者が一緒に映る記念撮影。馬のハミにつけた紐を関係者が持ち、撮影される。

【転厩（てんきゅう）】

競走馬が所属している厩舎を変えること。

【移籍 (いせき)】

競走馬が中央競馬から地方競馬へ、地方競馬から中央競馬へと、所属を移すこと。通常、平地競走の競走馬は、3歳の夏競馬の終わり（9月1週頃）までに1勝もあげられなければ、地方競馬への移籍や障害競走への転向もしくは引退を余儀なくされることがほとんどである。ちなみに、第1次競馬ブームの立役者ハイセイコーと第2次競馬ブームの立役者オグリキャップは、どちらも地方競馬から中央競馬へと移籍し、大活躍。一躍国民的アイドルホースとなった。

【斜行 (しゃこう)】

馬が斜めに走ること。意図的ではない場合でも、騎手が注意義務を怠ったものと認められ、他馬の走行に影響を及ぼした場合には制裁を科される。また、「5位までに入線した馬について着順変更の可能性がある場合」は審議の対象となり、裁決委員が「走行妨害がなければ被害馬が加害馬に先着していた」と判断した場合は、加害馬を被害馬の後ろの着順にする「降着」という処分が下される。「極めて悪質で他の騎手や馬に対する危険な行為によって、競走に重大な支障を生じさせた」と判断された場合は「失格」になる。

【テン乗り】

テンは「最初」や「真っ先」という意味をもち、テン乗りというのは、その馬にその騎手が初めて騎乗することをいう。

【歩法 (ほほう)】

馬が前進する方法。「常歩」「速歩」「駈歩」「襲歩」の4段階で表現され、最も遅い歩法が「常歩」、最も早い歩法が「襲歩」。

【手前】

馬の走り方を指し、右前脚よりも左前脚を前に出す「左手前」とその逆の「右手前」の2種類がある。コーナーを回る際、左回りのコースでは「左手前」、右回りのコースでは「右手前」で走らないと遠心力で外側にふくれ、うまくコーナーリングができないとされている。馬にも生まれつき、右利き・左利きがあり、最後の直線では走りやすい手前に替えることが多い。

システムや表彰について

【UMACA (うまか)】

JRAが提供するキャッシュレスの馬券購入システム。UMACAカードを利用して、競馬場やウインズの専用端末で簡単に馬券を購入できる。現金を使わずに取引を行えるため、利便性が高い。

【即PAT (そくぱっと)】

JRAが提供するオンライン馬券購入サービス。銀行口座を利用して簡単に馬券を購入できる仕組みで、自宅や外出先でもインターネットを通じて競馬を楽しめる。口座の登録が必要だが、手続きが簡単で人気のサービス。

【厩舎メリット制 (きゅうしゃめりっとせい)】

各厩舎の成績に応じて、馬房数を増減させるシステム。最大で30馬房まで与えられる。

また、馬房数の最大2.5倍の頭数を管理できることが定められており、つまり30馬房の厩舎では、75頭まで管理できる。馬房数よりも管理頭数がはるかに多いため、調教師には限られた馬房数を最大限に活用するべく、トレセンと放牧先の馬の「出し入れ」が求められる。

【リーディング】

1〜12月の1年間の中で、騎手、調教師、馬主、生産者、種牡馬などの部門別にトップの成績を収めた人間や会社、馬を「リーディング〇〇」と呼ぶ。基本的には1着をとった回数が最も多ければ、リーディングとなるが、種牡馬とブルードメアサイアー（母の父）のリーディングは、獲得賞金の合計額で決められることが多い。リーディングを獲得することは、競馬界での名誉であり、実績を残した証とされる。

【JRA賞（じぇーあーるえーしょう）】

JRAが毎年発表する競馬の各部門における表彰。年度代表馬や最優秀騎手、最優秀調教師など、多岐にわたる部門がある。受賞者や馬はその年の競馬を代表する存在として認知される。ちなみに、フォーエバーヤング（P68）が2024年に受賞した「JRA賞特別賞」とは、選考委員会の委員総数の4分の3以上の同意による推薦があったものについて、理事長が特に授賞が必要と認める時に授与される（競走馬が受賞する場合）。

🖊 馬主について

【一口馬主（ひとくちうまぬし）】

1頭の競走馬を多くの人々で共同出資し、所有する制度。クラブ法人とも。馬主資格を持たない人でも参加できるため、競馬ファンに人気がある。出資者は一口当たりの費用を負担し、出走時の賞金や引退後の売却益を分配で受け取ることができる。

【社台グループ（しゃだいぐるーぷ）】

日本の競馬界で圧倒的な影響力を持つ大手生産牧場グループ。ノーザンファーム、社台ファームなどがこれに含まれ、質の高い競走馬の生産や管理を行っている。現在、日本の中央競馬で活躍する馬の多くがこのグループ出身である。グループ内には一口馬主を募り、競走馬を所有している関連会社なども抱える。

🖊 病気について

【屈腱炎（くっけんえん）】

主に前肢に発症する。腱中心部に炎症性反応が起こる疾患。患部がエビの腹のように腫れることから「エビ」、「エビハラ」と呼ばれることもある。治療には長い時間が必要で、完治しづらいうえに再発しやすい。数々の競走馬がこの屈腱炎で長期休養や引退を余儀なくされてきた。

【鼻出血（びしゅっけつ）】

鼻孔から出血すること。馬の場合は出血元の部位によって3種類に分けられる。鼻粘膜からの場合は打撲等の外傷性のものが多く、喉嚢（耳管の途中にある大きな部屋）からの場合は真菌の増殖、肺からの場合は運動誘発性肺出血といわれ、レースの際

に発症すると一定期間の出走停止となる。

【心房細動（しんぼうさいどう）】

不整脈の一種。レース中に発症すると、血液を全身にうまく送ることができなくなるため、急激に失速する。発作性のものは発症から24時間以内に自然に正常に戻る。

騎手について

【武豊（たけゆたか）】

1969年3月15日生まれ。「競馬を知らなくても武豊は知っている」と評されるほど有名な、日本を代表する男性騎手。中央競馬で歴代最多の通算勝利数やG I 勝利数、生涯獲得賞金など、数々の金字塔を打ち立てたレジェンド。ディープインパクト、スペシャルウィーク、キタサンブラック、ドウデュースなど、多くの名馬と栄光を摑んできた。

【クリストフ・ルメール】

1979年5月20日生まれのフランス出身の男性騎手。2015年、JRAの騎手免許試験に合格。同じく合格したミルコ・デムーロ騎手とともに、外国人初のJRAの通年免許を取得した。2018年、"不滅"といわれた武豊騎手の年間勝利数を更新するなど、近年最も活躍している騎手といえる。アーモンドアイ、イクイノックスらとともに大舞台を制してきた。

その他

【三大始祖（さんだいしそ）】

競走馬の血統において特に重要な3頭の基礎馬、ダーレーアラビアン（1700年誕生）、ゴドルフィンアラビアン（推定1724年誕生）、バイアリーターク（1680年誕生）を指す。現代のサラブレッドは、この三大始祖を祖先に持つ馬たちから進化してきたとされる。特に、ダーレーアラビアンは現在、全世界のサラブレッドの90％以上を占めるといわれる父系である。

【相馬眼（そうまがん）】

競走馬の能力や資質を見抜く力。

収得賞金の算出方法

収得賞金とは…

クラス区分の基準となる金額であり、実際に関係者に支給される金額とは異なる。中央競馬のレースにおいて、1着（重賞競走の場合は2着まで）となった場合、出走したレースの競走条件に応じて以下の金額が加算される。

GⅠで3着だと収得賞金は積めない一方で、GⅢでも2着以内なら積めるってことだね

🏆 オープン競走以外
（新馬・未勝利・1〜3勝クラス）

競走	収得賞金として加算される金額
新馬・未勝利競走	400万円
1勝クラス	500万円
2勝クラス	600万円
3勝クラス	900万円

🏆 重賞競走
（2着まで以下の金額を加算）

競走	収得賞金として加算される金額
2歳馬競走（GⅠ・GⅡ）	該当する着順の本賞金額の半額
2歳馬競走（上記以外の競走）	1着1600万円、2着600万円
3歳馬競走および3（4）歳以上馬競走	該当する着順の本賞金額の半額

🏆 オープン競走
（※重賞競走を除く ※障害競走は以下の金額と異なる）

競走	収得賞金として加算される金額
2歳馬競走（リステッド競走※1）	800万円
2歳馬競走（九州産馬限定競走）	500万円
2歳馬競走（上記以外の競走）	600万円
3歳馬競走（リステッド競走）	1200万円
3歳馬競走（上記以外の競走）	1000万円
3（4）歳以上馬競走（リステッド競走）	1400万円
3（4）歳以上馬競走（上記以外の競走）	1200万円

※1　重賞に次ぐレース

🤝 スペシャルサンクス

株式会社産業経済新聞社様、ノーザンファーム天栄様、JRA馬事公苑様、一般財団法人競馬共助会様、株式会社中央競馬ピーアール・センター様、矢作芳人様、渋田康弘様、吉田一成様、細川貴之様、岡勇策様、坂井瑠星様、矢作厩舎の皆様、畠山史人様、石川秀守様、松岡正海様、上原佑紀様、渡邊宏行様、手塚厩舎の皆様、石川裕紀人様、藤原亮様、辻哲英様、木津信之様、木實谷雄太様、小田達也様、株式会社グリッド様、株式会社グローバルキッチン様、耕一路様、株式会社京都・一乗寺ブリュワリー様、株式会社アーバン様、有限会社アリタ様、鳥せい京都競馬場店様、俺の生きる道様、馬匹輸送トラックサービス様、トーキョーカフェ＆ベーカリー様、東京競馬場ターフィーショップ様（メモリアル60スタンド内）

※順不同

📷 画像クレジット（本文内）

株式会社産業経済新聞社：P6左下、P78、P80、P82
JRA馬事公苑：P116-7上部中央＆二段目左右、P117右上、P118左下＆右下、
　　　　　　P119上部＆下部中央
一般財団法人競馬共助会：P97左下、P100左上＆右下、P107右上、
　　　　　　　　　　　P108右列二段目
株式会社中央競馬ピーアール・センター：P101左上
株式会社グローバルキッチン：P100二段目左
株式会社アーバン：P100二段目右
有限会社アリタ：P97下部中央、P100三段目右
株式会社京都・一乗寺ブリュワリー：P7二段目中央、P112右下
鳥せい京都競馬場店：P100三段目左、P112左下
耕一路：P100四段目左
俺の生きる道：P111左下
馬匹輸送トラックサービス：P25右列一段目
PIXTA：P4-5、P6-7上部中央、P18左上、P25右列三段目＆四段目、P29左上、
　　　　P34右列三段目、P35右列一段目、P115左下
Photock：P23右列最上段＆二段目、P97二段目右
写真AC：P22右列最上段＆二段目、P28左上、P35右列三段目

三浦 凪沙（ミウラ・ナギサ）

サンケイスポーツ競馬記者。父は元プロ野球選手の三浦大輔氏。その父の所有するリーゼントブルースのデビュー戦を生観戦したことをきっかけに競馬の虜に。2019年の夏から美浦トレセンを主体に日々取材している。予想に役立つ取材はもちろん、かわいい推し馬探しにもいそしむ。

STAFF

装 丁 ▶ krran
本文デザイン・図版制作・DTP ▶ 五十嵐好明（LUNATIC）
本文イラスト ▶ マツ
校 閲 ▶ 円水社
撮 影 ▶ Hiro Ito
企画・執筆協力 ▶ 小山田美涼
編 集 ▶ 川本真生（小学館クリエイティブ）

知れば知るほど楽しくなる！
ウマに恋する競馬ガイド

2025年2月26日　初版第1刷発行
2025年4月1日　初版第2刷発行

著　者　三浦凪沙
発行者　尾和みゆき
発行所　株式会社小学館クリエイティブ
　　　　〒101-0051　東京都千代田区神田神保町2-14 SP神保町ビル
　　　　電話 0120-70-3761（マーケティング部）
発売元　株式会社小学館
　　　　〒101-8001　東京都千代田区一ツ橋2-3-1
　　　　電話 03-5281-3555（販売）
印刷・製本　中央精版印刷株式会社